러시아어
TORFL
필수어휘
2000

뿌쉬낀하우스 러시아어교육연구회

국내 러시아어 교육의 전문화를 위해 2008년 '러시아어 교수법 연구회'로 발족되어 정기적인 교수법 세미나와 강사 교육, 러시아어 전문 교육 프로그램 및 교재 개발 등에 힘쓰고 있다.

초판 발행 2015년 02월 27일
초판 7쇄 2025년 07월 18일

엮은이 뿌쉬낀하우스 러시아어교육연구회
펴낸이 김선명

펴낸곳 뿌쉬낀하우스
책임편집 이은희
편집 김영실, 김성원
디자인 박은비
주소 서울특별시 중구 퇴계로20나길 10, 신화빌딩 202
전화 02)2237-9387
팩스 02)2238-9388
이메일 book@pushkinhouse.co.kr
홈페이지 www.pushkinhouse.co.kr
출판등록 2004년 3월 1일 제 2004-0004호

ISBN 978-89-92272-58-2 13790

© ЗАО «Златоуст», 2006
  Настоящее издание осуществлено по лицензии, полученной от ЗАО «Златоуст»
© Pushkin House, 2015

이 책의 국내 저작권은 «Златоуст» 출판사와 독점 계약한 뿌쉬낀하우스에 있습니다. 저작권법에 의해 한국 내에서 보호를 받는 저작물이므로 무단 전재와 무단 복제를 금합니다.

※잘못된 책은 바꿔 드립니다.

러시아어 토르플 1급 완전정복

토르플
1급대비

ToRFL
필수어휘
2000

뿌쉬낀하우스 러시아어교육연구회

뿌쉬낀하우스

명사 - 명
남성 명사 - 남
여성 명사 - 여
중성 명사 - 중
단수 - 단
복수 - 복
단수만 사용하는 단어 - 단수만
복수만 사용하는 단어 - 복수만
불변 명사 - 불변
집합 수사 - 집합
생격 - 생
단수 생격 - 단생
복수 생격 - 복생
불완료상 - HCB

완료상 - CB
동사 원형 - инф
동사 1식변화 - I
동사 2식변화 - II
과거시제 - 과
형용사 - 형
형용사의 단어미형 - 형단
부사 - 부
주격 지배 - кто-что(1)
생격 지배 - кого-чего(2)
여격 지배 - кому-чему(3)
대격 지배 - кого-что(4)
조격 지배 - кем-чем(5)
전치격 지배 - ком-чём(6)

머리말

어휘부터 장전하자!

흔히 외국어 교육 현장에서 '문법은 총이고, 어휘는 총알이다'라고 합니다. 군인이 총알 없이는 총을 쏠 수 없듯이, 토르플 시험에 있어 어휘를 기본으로 하지 않는 영역은 없습니다. 토르플 1급 시험을 준비할 때 반드시 암기해야 할 필수 어휘 2000개를 모았습니다.

뒤집어서 외우자!

단어를 암기할 때는 예문과 함께 외우는 것이 효과적입니다. 그런데 단어 옆에 예문이 같이 있으면 그냥 스쳐 지나가기 쉽습니다. 이제 한글 예문을 보고 직접 러시아어 문장을 만들어보세요. 눈이 아니라 머리로 예문을 외울 수 있습니다.

이 책의 구성과 특징

1. 오디오 학습자료를 다운로드하여 표제어와 예문을 듣고 따라해 보세요. 정확한 발음 듣기와 반복학습이 가능합니다. 알파벳과 실제 발음이 다른 단어는 [ ]에 실제 발음을 표기하였습니다.

коне́чно
[шн]

2. 예문을 보면서 러시아어로 문장을 만들어 보고 다음 페이지에서 확인해 보세요. 표제어와 예문을 다른 페이지로 분리하여 효과적으로 회화와 작문을 연습할 수 있습니다.

| бу́ква | 철자, 글자 | 러시아어에는 33개의 알파벳이 있다. | В ру́сском алфави́те 33 бу́квы. |

3. 예문에 쓰인 표제어를 강조해 문장에서 어떻게 쓰이는지를 볼 수 있습니다.

> Не **беспокойся**! Я помогу экзамену.

4. 헷갈리기 쉬운 명사의 성, 수, 격 변화형 등을 추가로 제시했습니다.

5. 동사는 불완료/완료, 인칭변화형, 과거시제를 표기하였고, 함께 사용하는 격과 주요 표현도 함께 수록했습니다.

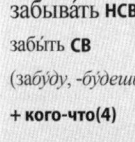

6. 형용사는 성·수에 따른 어미 변화를 표기하였습니다.

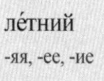

〉〉〉 차례 〈〈〈

일러두기 · · · · · · · · · · · 004
머리말 · · · · · · · · · · · · 005
이 책의 구성과 특징 · · · 006
А · · · · · · · · · · · · · · · · 010
Б · · · · · · · · · · · · · · · · 020
В · · · · · · · · · · · · · · · · 040
Г · · · · · · · · · · · · · · · · 072
Д · · · · · · · · · · · · · · · · 088
Е · · · · · · · · · · · · · · · · 116
Ж · · · · · · · · · · · · · · · · 120
З · · · · · · · · · · · · · · · · 128
И · · · · · · · · · · · · · · · · 152
К · · · · · · · · · · · · · · · · 164
Л · · · · · · · · · · · · · · · · 192
М · · · · · · · · · · · · · · · · 202
Н · · · · · · · · · · · · · · · · 224

О	250
П	282
Р	344
С	360
Т	408
У	428
Ф	448
Х	456
Ц	462
Ч	466
Ш	476
Щ	482
Э	482
Ю	488
Я	490

A

а	그런데	여름에는 덥지만 겨울에는 춥다.
абсолю́тно	절대적으로	당신이 전적으로 옳습니다. 동의하지 않을 수가 없네요.
а́вгуст	8월	나는 올해 8월에 휴가가 있다.
авто́бус	버스	나는 항상 버스를 타고 출근한다.
авто́бусный -ая, -ое, -ые	버스의	우리는 버스 정류장에서 만나기로 약속했다.
автома́т	자동판매기, ATM	지하철 역마다 음료수 자판기가 있다.
автомоби́ль 남	자동차	나의 부모님은 새 자동차를 샀다.
а́втор	작가	이 책의 저자는 유명한 학자이다.
администра́ция	행정·관리 기관	대학 졸업 후 나는 도시의 행정기관 (관청)에서 일하고 싶다.
а́дрес [복 адреса́]	주소	나는 내 친구의 집 주소를 오랫동안 생각했다.
азиа́тский -ая, -ое, -ие	아시아의	나는 아시아 음식을 한 번도 먹어 보지 않았다.

Летом тепло, **а** зимой холодно.

Вы **абсолютно** правы. Я с вами не могу не согласиться.

В этом году у меня отпуск в **августе**.

Я всегда езжу на работу на **автобусе**.

Мы договорились встретиться на **автобусной** остановке.

На каждой станции метро есть **автомат** с напитками.

Мои родители купили новый **автомобиль**.

Автор этой книги – известный учёный.

После университета я хочу работать в **администрации** города.

Я долго вспоминал **адрес** моего друга.

Я никогда не пробовал **азиатскую** кухню.

А Б В Г Д Е Ё Ж З И Й К Л М Н О

акаде́мия	아카데미	내 친구는 군사학교에서 공부하고 있다.
акти́вный -ая, -ое, -ые	적극적인, 활동적인	나는 활동적인 스포츠를 좋아한다.
а́лгебра	대수학	대수학은 학창 시절에 내가 가장 좋아 하는 과목이었다.
Алло́!	(통화할 때) 여보세요	여보세요? 까쨔니?
альбо́м	앨범	노브고로드가 너무 좋아서 그 풍경을 앨범으로 만들었다.
америка́нец [복 америка́нцы]	미국 남자	어제 나는 클럽에서 미국인을 알게 되 었다.
америка́нка	미국 여자	최근에 나는 내 친구가 미국 여자와 결혼한 것을 알게 됐다.
америка́нский -ая, -ое, -ие	미국(인)의	내일 나는 새 미국 영화를 보려고 한다.
ана́лиз	분석, 분해	분석이 끝난 후 우리는 짤막한 보고서 를 작성해야 했다.

| П Р С Т У Ф Х Ц Ч Ш Щ Ъ Ы Ь Э Ю Я |

Мой друг учится в военной **академии**.

Мне нравятся **активные** виды спорта.

Алгебра была моим любимым предметом в школе.

Алло! Катя, это ты?

Мне так понравился Новгород и я сделала **альбом** с его видами.

Вчера в клубе я познакомился с **американцем**.

Недавно я узнал, что мой друг женился на **американке**.

Завтра я собираюсь посмотреть новый **американский** фильм.

После **анализа** мы должны были составить небольшой доклад.

А Б В Г Д Е Ё Ж З И Й К Л М Н О

анализи́ровать **НСВ** (анализи́рую, -руешь) про- **СВ** + что(4)	분석 · 해석하다	선생님은 유럽의 정치적 상황을 분석 하라고 했다.
анги́на	후두염	어린 시절 나는 자주 후두염을 앓았다.
англи́йский -ая, -ое, -ие	영국(인)의, 영어의	나는 이미 영어를 여러 해 동안 배우 고 있다.
англича́нин [복 англича́не]	영국 남자	우리 신입 직원은 영국인이다.
англича́нка	영국 여자	나는 늘 영국 여자와 만나기를 꿈꿨다.
а́нгло-ру́сский -ая, -ое, -ие	영러의 *(중러의, 불러의, 한러의)	나는 큰 영러 사전을 사야 한다.
анке́та	설문지, 신청서	비자를 발급받으려면 이 신청서를 작 성해야 합니다.
анса́мбль 남	앙상블	나는 어제 청소년 댄스 앙상블 공연에 다녀왔다.
апельси́н	오렌지	오렌지에는 비타민 C가 많이 들어 있다.
аппети́т	식욕, 기호	맛있게 드세요!

П Р С Т У Ф Х Ц Ч Ш Щ Ъ Ы Ь Э Ю Я

Преподаватель попросил нас **проанализировать** политическую ситуацию в Европе.

В детстве я часто болел **ангиной**.

Я учу **английский** язык уже много лет.

Наш новый сотрудник – **англичанин**.

Я всегда мечтал познакомиться с **англичанкой**.

Мне нужно купить большой **англо-русский** словарь.

*(кита́йско-ру́сский, францу́зско-ру́сский, коре́йско-ру́сский)

Если вы хотите получить визу, вам нужно заполнить эту **анкету**.

Вчера я был на выступлении молодёжного танцевального **ансамбля**.

В **апельсинах** много витамина С.

Приятного **аппетита**!

А Б В Г Д Е Ё Ж З И Й К Л М Н О

апре́ль **남**	4월	나는 4월에 태어났다.
апте́ка	약국	나는 약을 사러 약국에 들렀다.
а́рмия	군대	모든 한국 남자는 군 복무를 해야 한다.
арти́ст	남자 배우, 예술가	어린 시절 나는 배우가 되고 싶었다.
арти́стка [복생] арти́сток]	여자 배우, 예술가	나는 신문에서 유명한 미국 배우의 인터뷰를 읽었다.
архите́ктор	건축가	나는 건축가가 참 흥미로운 직업이라고 생각한다.
архитекту́ра **단수만**	건축, 건축학	이 유럽 도시에서 우리는 매우 특이한 건축물을 보았다.
архитекту́рный -ая, -ое, -ые	건축의	나는 고등학교 졸업 후 건축학과에 입학하려고 한다.
аспира́нт	(박사과정 중) 남자 대학원생	대학원생이 위험한 실험을 하고 있다.
аспира́нтка [복생] аспира́нток]	(박사과정 중) 여자 대학원생	우리 과에는 현재 여자 대학원생 5명이 공부하고 있다.

| П | Р | С | Т | У | Ф | Х | Ц | Ч | Ш | Щ | Ъ | Ы | Ь | Э | Ю | Я |

Я родился в **апреле**.

Я зашёл в **аптеку** купить лекарство.

Все корейские мужчины должны служить в **армии**.

В детстве я хотел стать **артистом**.

В газете я прочитал интервью с известной американской **артисткой**.

Я думаю, что **архитектор** – это очень интересная профессия.

В этом европейском городе мы увидели очень необычную **архитектуру**.

После школы я собираюсь поступать на **архитектурный** факультет.

Аспирант проводит опасный эксперимент.

На моём факультете сейчас учится 5 **аспиранток**.

Б В Г Д Е Ё Ж З И Й К Л М Н О

аспирантýра	대학원	대학원에서는 재능 있는 학생들만 뽑는다.
атмосфéра	분위기, 대기	축제는 친근한 분위기에서 진행되었다.
áтомный -ая, -ое, -ые	핵의	많은 국가들이 현재 원자력 발전소를 보유하고 있다.
аудитóрия	교실, 강의실	우리 강의는 작지만 편안한 강의실에서 진행되고 있다.
афи́ша	(공연 등의) 포스터, 프로그램	나는 유명 여가수의 콘서트에 대해 포스터에서 알게 됐다.
аэропóрт (в аэропортý)	공항	공항에는 버스나 지하철로 갈 수 있다.

В **аспирантуру** берут только талантливых студентов.

Праздник проходил в дружеской **атмосфере**.

Во многих странах сейчас есть **атомные** электростанции.

Наши лекции проходят в небольшой, но удобной **аудитории**.

О концерте известного певца я узнал из **афиши**.

В **аэропорт** можно доехать на автобусе или метро.

Б

бáбушка [복생 бáбушек]	할머니	오늘 나는 할머니가 길을 건너시는 것을 도왔다.
балерúна	발레리나	마이야 쁠레세쯔까야는 세계에서 가장 유명한 발레리나 중 한 명이다.
балéт	발레	나는 발레 보는 것을 썩 좋아하지 않는다.
балкóн	발코니	나는 발코니 있는 집을 좋아한다.
банáн	바나나	바나나는 건강에 좋다.
бандеро́ль 여 [дэ]	소포	나는 소포를 부치기 위해 우체국에 다녀왔다.
бáнк	은행	환전은 아무 은행에서나 가능하다.
бáнка [복생 бáнок]	유리병	가게에 가서 우유 한 병만 사다 줘.
баскетбóл 단수만	농구	나는 주말에 자주 친구들과 농구를 한다.
баскетболúст	농구 선수	농구 선수는 키가 커야 한다.
бассéйн	수영장	작년에 나는 수영장을 다니기 시작했다.

Сегодня я помог **бабушке** перейти через дорогу.

Майя Плесецкая – одна из самых известных **балерин** в мире.

Я не очень люблю смотреть **балет**.

Мне нравится квартира с **балконом**.

Бананы полезны для здоровья.

Я ходил на почту, чтобы отправить **бандероль**.

Обменять деньги можно в любом **банке**.

Сходи в магазин и купи мне **банку** молока.

Я часто играю с друзьями в **баскетбол** по выходным.

Баскетболист должен быть высокого роста.

В прошлом году я начал ходить в **бассейн**.

А Б В Г Д Е Ё Ж З И Й К Л М Н О

батóн	흰 빵	어머니는 가게에 가서 흰 빵과 소시지를 샀다.
бáшня [복생 бáшен]	탑, 망루	관광객들은 서울 타워에 가는 것을 좋아한다.
бéгать НСВ I	도망가다, 뛰다	나는 건강해지고 싶어서 매일 아침 공원에서 달린다.
бéдный -ая, -ое, -ые	가난한, 불쌍한	그는 가난한 집에서 자랐다.
бежáть НСВ I (бегу́, бежи́шь) побежáть СВ II + куда(4) + откуда(2)	달리다, 도망치다	나는 회사에 지각을 해서 뛰어갔다.
без + кого-чего(2)	~없이	설탕이 안 들어간 차를 주세요.
безуслóвно	무조건, 물론	나는 네 생일에 반드시 갈 거야.
бéлый -ая, -ое, -ые	하얀	흑백 사진을 찍어야 할 거예요.
бензи́н	휘발유	차에 휘발유가 떨어져서 우리는 더 이상 갈 수 없었다.

П Р С Т У Ф Х Ц Ч Ш Щ Ъ Ы Ь Э Ю Я

Мама была в магазине и купила **батон** и колбасу.

Туристы любят бывать на «**Башне** Сеула».

Я хочу быть здоровым, поэтому я каждое утро **бегаю** в парке.

Он вырос в **бедной** семье.

Я **бежал**, потому что опаздывал на работу.

Мне, пожалуйста, чай **без** сахара.

Я **безусловно** приду к тебе на день рождения.

Вам нужно сделать чёрно-**белую** фотографию.

Мы не могли ехать дальше, потому что в машине закончился **бензин**.

А **Б** В Г Д Е Ё Ж З И Й К Л М Н О

бе́рег (на берегу́)	강변, 기슭	나는 우울할 때 강변을 거닌다.
берёза	자작나무	내 창문 맞은편에 아름다운 자작나무가 자라고 있다.
бере́чь* НСВ сбере́чь** СВ + кого-что(4)	아끼다	벌써 몇 년째 나는 여동생이 내게 준 그림을 소중히 여기고 있다.
бесе́да	대화	내일 나는 사장과 중요한 면담이 있다.
бесе́довать НСВ (бесе́дую, -дуешь) побесе́довать СВ + о ком-чём(6) + с кем(5)	대화하다	나는 새 친구들과 현대 예술에 대해 오랫동안 이야기를 나눴다.
беспла́тно	무료로	7세 미만 어린이들은 버스를 무료로 탈 수 있다.
беспла́тный -ая, -ое, -ые	무료의	이 잡지들은 무료이기 때문에 가져가도 됩니다.
беспоко́иться НСВ II	신경 쓰다, 걱정하다	걱정하지 마! 내가 너 시험 준비하는 걸 도와줄게.

П Р С Т У Ф Х Ц Ч Ш Щ Ъ Ы Ь Э Ю Я

Когда мне грустно, я гуляю по **берегу** реки.

Напротив моего окна растёт красивая **берёза**.

Уже много лет я **берегу** картину, которую мне подарила сестра.

*бере́чь (бере*гу́*, -*ежёшь*; 🔁 берёг, берегла́, берегли́)
**сбере́чь (🔁 сберёг, сберегла́, сберегли́)

Завтра у меня будет важная **беседа** с директором.

Мы долго **беседовали** с моими новыми друзьями о современном искусстве.

Дети до 7 лет могут ездить на автобусе **бесплатно**.

Вы можете взять эти журналы: они **бесплатные**.

Не **беспокойся**! Я помогу тебе подготовиться к экзамену.

А Б В Г Д Е Ё Ж З И Й К Л М Н О

библиоте́ка	도서관	새 도서관에서는 책뿐만 아니라 음반도 빌릴 수 있다.
библиоте́карь	🔵 도서관 사서 🔴 библиоте́карша	나는 러시아어사에 관한 책이 필요했으나 이미 누군가 책을 빌려갔다고 사서가 말했다.
би́знес 단수만	비즈니스, 사업	현대의 많은 젊은이들이 창업을 원한다.
бизнесме́н	사업가	내 학창 시절 친구는 성공한 사업가가 되었다.
биле́т	표, 티켓	나는 젊은 화가들의 전시회 티켓 2장을 가지고 있다.
биогра́фия	전기, 경력	선생님은 우리가 좋아하는 음악가의 전기를 쓰라고 하셨다.
био́лог	생물학자	생물학자는 생태계를 연구한다.
биологи́ческий -ая, -ое, -ие	생물학의	나는 신문에서 중요한 생물학적 실험에 관해 읽었다.
биоло́гия	생물학	생물학 수업에서 우리는 새로운 동식물에 관해 알게 됐다.

П Р С Т У Ф Х Ц Ч Ш Щ Ъ Ы Ь Э Ю Я

В новой **библиотеке** можно взять не только книги, но и музыкальные диски.

Мне нужна была книга об истории русского языка, но **библиотекарь** сказал, что её уже кто-то взял.

Многие современные молодые люди хотят начать свой **бизнес**.

Мой школьный друг стал успешным **бизнесменом**.

У меня есть два **билета** на выставку молодых художников.

Учитель попросил нас написать **биографию** нашего любимого музыканта.

Биолог занимается изучением живой природы.

В газете я прочитал о важном **биологическом** эксперименте.

На уроке **биологии** мы узнали о новых животных и растениях.

А Б В Г Д Е Ё Ж З И Й К Л М Н О

бить HCB I (бью, бьёшь) + кого(4)	치다, 때리다	어린아이를 때려서선 안 된다.
благодари́ть HCB II по- CB II + кого(4) + за что(4)	고마워하다, 감사하다	좋은 제안에 감사드립니다.
благодаря́ + кому-чему(3)	덕분에	꼬스쨔는 내가 도와준 덕분에 시험에 합격했다.
бланк	서식 용지, 신청서	서류를 받으려면 이 신청서를 작성하셔야 합니다.
бле́дный -ая, -ое, -ые	창백한	베라는 좀처럼 밖에 나다니질 않기 때문에 그렇게 창백한 것이다.
бли́зкий -ая, -ое, -ие	가까운	우리 집에서 가게까지는 가까운 거리이다.
бли́зко [비교급 бли́же]	가깝게, 가깝다	나는 선생님 말씀이 잘 안 들려서 더 가까이 앉았다.
блю́до	접시, 요리	나는 몇 가지 전통 음식을 만들어 친구들을 초대했다.

П Р С Т У Ф Х Ц Ч Ш Щ Ъ Ы Ь Э Ю Я

Нельзя **бить** маленьких детей!

Благодарю вас за хорошее предложение.

Костя сдал экзамен только **благодаря** моей помощи.

Чтобы получить документы, вам нужно заполнить этот **бланк**.

Вера редко гуляет на улице, поэтому она такая **бледная**.

От моего дома до магазина **близкое** расстояние.

Я плохо слышал преподавателя, поэтому сел **ближе**.

Я приготовил несколько национальных **блюд** и позвал друзей в гости.

бог [x]	신, 하느님	나는 교회는 믿지 않지만 신은 믿는다.
бога́тство	부, 재산	나의 중요한 재산은 가족과 친구들이다.
бога́тый -ая, -ое, -ые	부유한, 풍족한	스베따의 부모님은 부자이기 때문에 그녀는 여름마다 해외에서 휴가를 보낸다.
бой	전투, 싸움	군인들은 전투에 나갔다.
бо́лее	더욱, 보다 더	나는 중국어가 한국어보다 어렵다고 생각한다.
боле́знь **여**	질병, 병	에이즈는 20세기의 가장 위험한 질병이다.
боле́льщик	(스포츠의) 팬, 응원하는 사람 **여** боле́льщица	스페인-알제리 전에 축구팬들이 많이 왔다.
бо́лен **형단** больна́, больны́	아프다	까쨔는 아파서 오늘 수업에 오지 못한다.
боле́ть¹ **НСВ** I заболе́ть **СВ** I **1) + чем(5)** **2) + за кого-что(4)**	1) 병을 앓다 2) 응원하다	올 봄에 이라는 독감을 심하게 앓았다. 올림픽 기간에 나는 러시아 팀을 응원했다.

Я не верю церкви, но я верю в **Бога**.

Моё главное **богатство** – это моя семья и мои друзья.

У Светы **богатые** родители, поэтому она каждое лето отдыхает за границей.

Солдаты пошли в **бой**.

Я думаю, что китайский язык **более** трудный, чем корейский.

СПИД – самая опасная **болезнь** XX века.

На футбольный матч Испания-Алжир пришло много **болельщиков**.

Кати нет сегодня на уроке, потому что она **больна**.

1) Этой весной Ира сильно **болела** гриппом.
2) Во время олимпиада я **болел** за команду России.

А **Б** В Г Д Е Ё Ж З И Й К Л М Н О

болеть² HCB [3인칭만]	아프다	아침부터 머리가 아프다.
больница	병원	까쨔는 몸이 안 좋아서 수업 후에 병원에 갈 것이다.
больно	아프다, 괴롭다	나는 넘어져서 머리를 심하게 부딪쳤다.
больной -ая, -ое, -ые	명 환자 형 병든	의사는 지금 환자들을 진료하느라 바쁘다.
большинство 단수만	다수, 대부분	내 친구들 대부분은 외국인이다.
большой -ая, -ое, -ие [비교급 больше]	큰, 많은	우리는 지하철을 나왔고, 나는 많은 큰 건물들을 보았다.
борода	수염	요즘은 많은 젊은이들이 수염을 기른다.
бороться HCB (борюсь, борешься) + за что(4) 혹은 против чего(2) + с чем(5)	싸우다, 투쟁하다	사람들은 항상 자신의 권리를 위해 싸웠다.

П Р С Т У Ф Х Ц Ч Ш Щ Ъ Ы Ь Э Ю Я

У меня с утра **болит** голова.

Катя плохо себя чувствует. После урока она пойдёт в **больницу**.

Я упал и **больно** ударился головой.

Врач сейчас занят, он принимает **больного**.

Большинство моих друзей – иностранцы.

Мы вышли из метро и я увидел много **больших** зданий.

Сейчас многие молодые люди носят **бороду**.

Люди всегда **боролись** за свои права.

А Б В Г Д Е Ё Ж З И Й К Л М Н О

борьба́ **단수만**	투쟁, 시합	이 시합에서 치열한 메달 경쟁이 있을 것이다.
боти́нки [**복생** боти́нок]	부츠	곧 봄이 되니 새 부츠를 사야겠다.
боя́ться **НСВ** (бою́сь, бои́шься) + кого-чего(2) 혹은 + инф	무서워하다	난 개와 어둠을 가장 무서워한다.
брат [**복** бра́тья]	형제	나의 가장 좋은 친구는 내 형제들이다.
брать **НСВ** (беру́, берёшь) взять **СВ** (возьму́, возьмёшь) + кого-что(4)	잡다, 쥐다, 가져가다	똘랴, 내 사전을 가져간 게 너야?
бри́ться **НСВ** (бре́юсь, бре́ешься) побри́ться **СВ**	면도하다, 깎다	많은 남자들이 면도를 좋아하지 않는다.
броса́ть **НСВ** I бро́сить **СВ** (бро́шу, бро́сишь) 1) + что(4) + куда 2) + НСВ инф	1) 버리다, 던지다 2) 그만두다	거리에 쓰레기를 버리지 마시오. 나는 정말 원하지만, 담배를 끊을 수가 없다.

| П Р С Т У Ф Х Ц Ч Ш Щ Ъ Ы Ь Э Ю Я |

На этих соревнованиях будет серьёзная **борьба** за медали.

Скоро весна, и мне нужно купить новые **ботинки**.

Я больше всего **боюсь** собак и темноты.

Мои лучшие друзья – это мои **братья**.

Толя, это ты **взял** мой словарь?

Многие мужчины не любят **бриться**.

1) Нельзя **бросать** мусор на улице.
2) Я очень хочу, но не могу **бросить** курить.

А Б В Г Д Е Ё Ж З И Й К Л М Н О

брю́ки **복수만**	바지	나는 이 파란 바지가 마음에 든다.
бу́дущее **명** **단수만**	미래	너는 지금부터 미래에 대해 생각해야 한다.
бу́дущий -ая, -ее, -ие	미래의	미래의 내 아내는 똑똑하고 착하고 아름다워야 한다.
бу́ква	철자, 글자	러시아어에는 33개의 알파벳이 있다.
бу́лочка [**복생** бу́лочек]	빵	아침으로 종종 나는 버터를 곁들인 빵을 먹는다.
бу́лочная **명**	빵집	나는 집 근처에 있는 빵집에서 빵을 산다.
бума́га	종이	나는 아가씨에게 깨끗한 종이 한 장을 주었고, 그녀는 내 초상화를 그렸다.
бутербро́д [тэ]	샌드위치	러시아 사람들은 햄과 치즈를 곁들인 샌드위치를 자주 먹는다.
буты́лка [**복생** буты́лок]	병, 유리병	내 냉장고에는 우유 한 병밖에 없었다.
буфе́т	구내매점	쉬는 시간에 매점에서 커피를 마시자.

Мне нравятся эти синие **брюки**.

Ты должен думать о **будущем** уже сейчас.

Моя **будущая** жена должна быть умной, доброй и красивой.

В русском алфавите 33 **буквы**.

На завтрак я часто ем **булочки** с маслом.

Я покупаю хлеб в **булочной** около моего дома.

Я дал девушке чистый лист **бумаги**, и она нарисовала мой портрет.

Русские часто едят **бутерброды** с колбасой и сыром.

В моём холодильнике была только **бутылка** молока.

Давай выпьем кофе в **буфете** на перемене.

А **Б** В Г Д Е Ё Ж З И Й К Л М Н О

бы	가정을 뜻하는 소사	너를 마지막으로 보는 거라는 걸 알았더라면, 너를 매우 사랑한다고 말했을 텐데.
бывáть **НСВ** I + где	종종 방문하다	나는 자주 이 식당에 온다.
бы́вший -ая, -ее, -ие	예전의	나는 우리의 전 대통령이 더 마음에 든다.
бы́стро	빨리, 빠르다	나는 빨리 저녁을 먹고, 텔레비전으로 재미있는 영화를 보았다.
бы́стрый -ая, -ое, -ые	빠른	치타는 땅에서 사는 동물 중에 가장 빠르다.
быть **НСВ** (бу́ду, бу́дешь) **1) где** 혹은 **у кого(2)** **2) кем(5)**	1) 있다 2) 되다, 이다	어제 저녁 우리는 먼저 미샤네 갔고, 그 다음에 클럽에서 아침까지 있었다.

Если **бы** я знал, что вижу тебя в последний раз, я **бы** сказал, что очень люблю тебя.

Я часто **бываю** в этом ресторане.

Мне больше нравился наш **бывший** президент.

Я **быстро** поужинал и посмотрел интересный фильм по телевизору.

Гепард – самое **быстрое** животное на земле.

Вчера вечером мы сначала **были** у Миши, а потом мы пошли в клуб и **были** там до утра.

в; во 1) + чём(6) 2) + чём(6) 3) + что(4) 4) + что(4)	1) (장소) ~에서 2) (시간; 월, 연 등) ~에 3) (방향) ~로 4) (시간; 요일) ~에	1) 스베따는 반에서 훌륭한 학생이었다. 2) 1월에 나는 시골 할머니댁에서 쉬었다. 3) 우리는 모스끄바로 갈 것이다. 4) 금요일에 나는 부모님과 함께 클래식 음악 공연을 다녀왔다.
вагóн	(열차의) 칸	나는 오랫동안 내 (열차) 칸을 찾았다.
вáжно	중요하다	선생님을 이름과 부칭으로 부르는 것이 중요하다.
вáжный -ая, -ое, -ые	중요한	수업 끝나고 보자. 너에게 중요한 할 말이 있어.
вáза	꽃병	꽃병에 꽃을 꽂아 책상에 놔 둬.
вáнная 명	목욕탕, 욕실	미안해, 나 욕실에 있어서 네가 전화한 걸 못 들었어.
варúть НСВ II сварúть СВ II + что(4)	끓이다	«올리비에» 샐러드를 만들려면 감자, 당근, 달걀을 삶아야 합니다.
ваш -а, -е, -и	당신의	죄송하지만, 이것은 당신의 가방인가요?

1) Света была лучшей ученицей **в** классе.
2) **В** январе я отдыхал в деревне у бабушки.
3) Мы поедем **в** Москву.
4) **В** пятницу мы с родителями ходили на концерт классической музыки.

Я долго искал мой **вагон**.

К преподавателю **важно** обращаться по имени и отчеству.

Давай с тобой встретимся после урока, у меня к тебе **важный** разговор.

Поставь **вазу** с цветами на стол.

Извини, я была в **ванной** и не слышала, что ты звонил.

Чтобы приготовить салат «Оливье», вам нужно **сварить** картошку, морковь и яйца.

Простите, это **ваша** сумка?

А **Б** В Г Д Е Ё Ж З И Й К Л М Н О

вверх	위로	이 계단을 따라 위로 걸어가세요.
вверху́	위에	머리 위로 비행기가 간다.
вдвоём	둘이서	이 상자는 매우 무거워서 둘이서만 이것을 들 수 있다.
вдруг	갑자기	자동차가 갑자기 뜨베르스까야 거리에서 멈춰섰다.
ведь	정말로, 틀림없이	그들은 벌써 한 달 내내 열심히 일하고 있어. 프로젝트의 성공이 그들에게 달려 있으니 말야.
ве́жливый -ая, -ое, -ые	예의 바른	세르게이는 매우 예의 바른 사람이다. 그는 항상 «고맙습니다» 그리고 «별 말씀을요»라고 말한다.
везде́	가는 곳마다, 어느 곳이든	너는 이 신문을 어디에서든 살 수 있다.
везти́* HCB повезти́** CB + кого-что(4) + куда(4) + откуда(2)	운송하다, 운반하다	내일 아침에 나는 엄마를 공항에 모셔다 드릴 거야.
век	세기	뾰뜨르 1세는 17세기에 태어났다.

П Р С Т У Ф Х Ц Ч Ш Щ Ъ Ы Ь Э Ю Я

Идите **вверх** по этой лестнице.

Вверху над головой летит самолёт.

Эта коробка очень тяжёлая, её можно поднять только **вдвоём**.

Машина **вдруг** остановилась на Тверской улице.

Они уже целый месяц работают с усилием, **ведь** от них зависит выполнение проекта.

Сергей – очень **вежливый** человек: он всегда говорит «спасибо» и «пожалуйста».

Ты можешь купить эту газету **везде**.

Завтра утром я **повезу** маму в аэропорт.

*везти́ (везу́, везёшь; 🔴 вёз, везла́, везли́)
**повезти́ (повезу́, повезёшь; 🔴 повёз, повезла́, повезли́)

Пётр Первый родился в XVII **веке**.

А Б **В** Г Д Е Ё Ж З И Й К Л М Н О

вели́к 형단 -а, -о, -и	(옷 등이) 크다	이 옷은 나에게 크다.
вели́кий -ая, -ое, -ие	위대한, 거대한	로마노소프는 러시아의 위대한 학자 이다.
велосипе́д	자전거	내 남동생은 아직 자전거를 타지 못한다.
ве́рить НСВ II пове́рить СВ II 1) кому-чему(3) 2) в кого-что(4)	1) 믿다, 신뢰하다 2) (존재·위력 을) 믿다	나는 너를 믿지 않아. 너는 항상 나를 속여. 너는 신을 믿니?
ве́рный -ая, -ое, -ые	옳은, 진실한	개는 가장 진실한 친구이다.
ве́рхний -яя, -ее, -ие	위의, 높은	나의 오래된 교과서들은 높은 선반에 있다.
ве́село	즐겁게, 즐겁다	바다에서 쉬는 것은 즐겁다.
весе́нний -яя, -ее, -ие	봄의	봄방학은 보통 3월 마지막 월요일에 시작한다.
весёлый -ая, -ое, -ые	즐거운, 유쾌한	나의 새로운 친구 일리야는 매우 쾌활 하고 개방적인 사람이다.
весна́	봄	봄은 내가 가장 좋아하는 계절이다.

П Р С Т У Ф Х Ц Ч Ш Щ Ъ Ы Ь Э Ю Я

Этот костюм мне **велик**.

М.В. Ломоносов – **великий** русский учёный.

Мой младший брат ещё не умеет кататься на **велосипеде**.

1) Я тебе не **верю**: ты всегда обманываешь меня.
2) Ты **веришь** в Бога?

Собака – самый **верный** друг.

Мои старые учебники лежат на **верхней** полке.

Отдыхать на море **весело**.

Весенние каникулы обычно начинаются в последний понедельник марта.

Мой новый друг Илья – очень **весёлый** и открытый человек.

Весна – моё любимое время года.

А Б **В** Г Д Е Ё Ж З И Й К Л М Н О

весно́й	봄에	나는 다샤와 지난 봄에 알게 되었다.

вести́* НСВ
повести́** СВ
1) кого(4) + куда
   + откуда
2) что(4)
3) вести́ себя́
	1) 데리고 오다,
	   가다
	2) 운전하다
	3) 행동하다,
	   처신하다
		아들이 아파서 오늘 나는 그를 병원으로 데리고 갈 것이다.
		나쟈는 운전을 잘한다.
		아이가 올바르게 행동한다.

весь вся, всё, все	전부, 모든	하루 종일 나는 집에서 그녀의 전화를 기다렸다.
ве́тер [단생 ве́тра]	바람	오늘 밖에는 강한 바람이 불고 비가 온다.
ве́чер [복 вечера́]	저녁	너는 우리가 세르게이네 집에 손님으로 갔던 그날 저녁을 기억하니?
вече́рний -яя, -ее, -ие	저녁의	그들은 저녁 시간에도 일한다.
ве́чером	저녁에	저녁에 TV에서 지구의 역사에 관한 재미있는 프로그램을 방송했다.
ве́шать НСВ I пове́сить* СВ + что(4) + куда(4)	걸다, 늘어뜨리다	젖은 옷을 옷장에 걸지 마세요.

П Р С Т У Ф Х Ц Ч Ш Щ Ъ Ы Ь Э Ю Я

Мы познакомились с Дашей прошлой **весной**.

1) Мой сын заболел, и сегодня я **поведу** его в больницу.
2) Надя хорошо **водит** машину.
3) Ребёнок **ведёт себя** хорошо.

*вести́ (веду́, ведёшь; вёл, вела́, вели́)
**повести (поведу, поведёшь)

Весь день я сидел дома и ждал её звонка.

Сегодня на улице сильный **ветер** и дождь.

Ты помнишь тот **вечер**, когда мы были в гостях у Сергея?

Они работают даже в **вечернее** время.

Вечером по телевизору показывали интересную передачу об истории Земли.

Не **вешай** мокрую одежду в шкаф!

*пове́сить (пове́шу, пове́сишь)

А Б **В** Г Д Е Ё Ж З И Й К Л М Н О

вещь 여	물건, 짐	내리실 때 물건을 잊지 마세요.
взгля́д	시선, 관점	내 생각에 이 문제들은 정치인들이 풀어야 한다.
взро́слый -ая, -ое, -ые	명 어른 형 어른의	아이들은 혼자 온 것이 아니라 어른들과 함께 왔다.
ви́део 중 불변	비디오	어제 수업에서 선생님은 우리들에게 재미있는 비디오를 보여 주었다.
ви́деть* НСВ уви́деть СВ + кого-что(4)	보다	어제 나는 정류장에서 우리 선생님을 보았다.
ви́за	비자	러시아에 갈 때 한국 사람들은 비자가 필요 없다.
ви́лка [복생 ви́лок]	포크	나는 젓가락질을 못하니 포크를 주세요.
вино́	포도주	좋은 와인 고르는 법을 아세요?
виногра́д	포도	어제 나는 아주 맛있는 포도를 샀다.
висе́ть НСВ II + где(6)	늘어지다, 걸리다	벽에는 그들의 딸 사진이 걸려 있다.

П Р С Т У Ф Х Ц Ч Ш Щ Ъ Ы Ь Э Ю Я

При выходе не забывайте свои **вещи**.

На мой **взгляд** эти вопросы должны решать политики.

Дети пришли не одни, а со **взрослыми**.

Вчера на уроке преподаватель показал нам интересное **видео**.

Вчера я **видел** нашего преподавателя на остановке.

*ви́деть (ви́жу, ви́дишь)

Чтобы поехать в Россию, корейцам не нужно делать **визу**.

Я не умею есть палочками, дайте мне, пожалуйста, **вилку**.

Вы не знаете, как выбрать хорошее **вино**?

Вчера я купил очень вкусный **виноград**.

На стене **висят** фотографии их дочери.

А Б **В** Г Д Е Ё Ж З И Й К Л М Н О

включа́ть **НСВ** I включи́ть **СВ** II + что(4)	켜다, 연결하다	방이 어둡습니다. 불을 켜 주세요.
вку́сно	맛있다	나의 할머니는 아주 맛있게 요리한다.
вку́сный -ая, -ое, -ые	맛있게, 맛있는	음식은 맛있고, 건강에 좋아야 한다.
власть **예**	권력, 정권	러시아에는 삼권이 존재한다.
вме́сте	함께	이번 주에 우리는 모두 함께 교외에 다녀왔다.
вниз	아래로	우리는 버스에서 내려 길을 따라 아래로 걸어갔다.
внизу́	아래에	비행기가 이륙을 시작했고, 나는 아래에 아름다운 숲과 강을 보았다.
внима́ние	주의, 주목	주목하세요! 우리 기차는 10분 뒤에 떠납니다.
внима́тельно	주의 깊게	나는 선생님 말씀을 주의 깊게 듣지 않았다. 그래서 아무것도 이해하지 못했다.

П Р С Т У Ф Х Ц Ч Ш Щ Ъ Ы Ь Э Ю Я

В комнате очень темно – **включи**, пожалуйста, свет.

Моя бабушка очень **вкусно** готовит.

Еда должна быть **вкусной** и полезной.

В России существует три ветви **власти**.

На этой неделе мы все **вместе** ездили за город.

Мы вышли из автобуса и пошли **вниз** по дороге.

Самолёт начал подниматься, и **внизу** я увидел красивый лес и реку.

Внимание! Наш поезд отходит через 10 минут.

Я не **внимательно** слушал преподавателя, поэтому ничего не понял.

А Б **В** Г Д Е Ё Ж З И Й К Л М Н О

внима́тельный -ая, -ое, -ые	주의 깊은	주의 깊은 학생만이 이 텍스트에서 오류를 발견할 수 있다.
внук	손자	나의 손자는 벌써 학교에 다닌다.
вну́чка [복생 внучек]	손녀	나는 공원에서 할머니가 손녀와 산책하는 것을 보았다.
внутри́	안에	우리가 클럽에 들어갔을 때 안에는 사람들이 매우 많았다.
во́время	제시간에	우리는 제시간에 도착했다. 수업은 몇 분 후에 시작될 것이다.
во вре́мя + чего(2)	~하는 동안	시험 중에는 사전을 이용할 수 없습니다.
во-вторы́х	둘째로	첫째로 나는 학벌이 좋고, 둘째로 업무 경험이 많다.
вода́	물	물 한 병 주세요.
води́ть НСВ (вожу́, во́дишь) 1) + кого(4) куда(4) 2) + что(4)	1) 데려가다 2) 운전하다	매일 아침 엄마는 아이를 학교에 데려다 준다. 나는 운전을 할 줄 모른다.

П Р С Т У Ф Х Ц Ч Ш Щ Ъ Ы Ь Э Ю Я

Только **внимательный** студент сможет найти ошибку в этом тексте.

Мой **внук** уже ходит в школу.

Я увидел, что в парке гуляла бабушка с **внучкой**.

Когда мы вошли в клуб, **внутри** было очень много людей.

Мы пришли **вовремя**: лекция начнётся через несколько минут.

Во время теста пользоваться словарём нельзя.

Во-первых, у меня хорошее образование, а **во-вторых**, большой опыт работы.

Дайте, пожалуйста, бутылку **воды**.

1) Каждое утро мама **водит** ребёнка в школу.
2) Я не умею **водить** машину.

вóдка	보드까	나는 러시아 사람이지만 보드까 마시는 것을 좋아하지 않는다.
воевáть НСВ (воюю, воюешь) + с кем-чем(5) + за что(4)	침략하다	우리나라는 한 번도 다른 나라를 침략하지 않았다.
воéнный -ая, -ое, -ые	전쟁의	전시회에서 우리는 전쟁 물품을 보았다.
возвращáть НСВ I вернýть* СВ + что(4) + кому(3)	돌려주다	사샤, 너 언제 내 사전 돌려줄 거니?
возвращáться НСВ I вернýться* СВ + куда(4)	돌아오다, 돌아가다	어제 저녁에 우리는 극장에 갔었고, 저녁 늦게 집에 돌아왔다.
вóздух	대기, 공기	우리 대도시는 공기가 매우 나쁘다.
возúть НСВ (вожý, вóзишь) + кого-что(4) + куда(4)	운반하다, 운송하다	토요일마다 나는 우리 부모님을 별장에 모시고 간다.

| П | Р | С | Т | У | Ф | Х | Ц | Ч | Ш | Щ | Ъ | Ы | Ь | Э | Ю | Я |

Я не люблю пить **водку**, хотя я русский.

Наши страны никогда не **воевали** друг с другом.

На выставке мы видели **военную** технику.

Саша, когда ты **вернёшь** мне мой словарь?

*вернýть (вер*ну́*, -*нёшь*)

Вчера вечером мы были в театре и **вернулись** домой поздно вечером.

*вернýться (вер*нýсь*, -*нёшься*)

В нашем большом городе **воздух** очень грязный.

Каждую субботу я **вожу** моих родителей на дачу.

А Б **В** Г Д Е Ё Ж З И Й К Л М Н О

возмо́жно	가능하다, 아마도	까쨔는 수업에 오지 않았다. 그녀는 병이 난 것 같다.
во́зраст	나이	나와 지마는 동갑이다.
война́	전쟁	제2차 세계대전은 1939년 9월 31일에 시작되었다.
вокза́л	기차역	오늘 저녁에 나는 기차역에서 형을 만나야 한다.
вокру́г + кого-чего(2)	~주위에	나는 집 주위를 돌아보았지만 입구를 찾지 못했다.
волейбо́л **단수만**	배구	배구는 아시아에서 매우 인기 있는 스포츠 종목이다.
волк	늑대	늑대는 숲에 산다.
волнова́ться **НСВ** (волну́юсь, -ну́ешься)	걱정하다, 흥분하다	내일 나는 중요한 시험이 있어서 매우 걱정이 된다.
во́лосы **복**	머리카락	내 여동생은 모발이 곧고 어두운 색이다.

Кати не было на уроке. **Возможно**, она заболела.

Мы с Димой одного **возраста**.

Вторая мировая **война** началась 31 сентября 1939 года.

Сегодня вечером я должен встретить брата на **вокзале**.

Я обошёл **вокруг** дома, но не нашёл вход.

Волейбол – очень популярный вид спорта в Азии.

Волки живут в лесу.

Завтра у меня важный экзамен, и я очень **волнуюсь**.

У моей сестры тёмные прямые **волосы**.

А Б **В** Г Д Е Ё Ж З И Й К Л М Н О

во-пе́рвых	첫째로	– 왜 서울이 마음이 듭니까? – 첫째로, 서울은 매우 아름다운 도시입니다.
вопро́с	질문	질문이 있습니까?
восемна́дцать	18	러시아에서는 18세부터 담배를 살 수 있다.
во́семь	8	오늘 저녁 8시에 전화해.
во́семьдесят	80	나는 이 반팔 티셔츠를 고작 80루블에 샀다.
восемьсо́т	800	이 학교에는 800명의 학생들이 공부한다.
воскресе́нье	일요일	올렉, 너 일요일에 뭐하니? 영화관에 가자!
воспита́ние **단수만**	양육	부모님은 나에게 좋은 교육을 시켜 주었다.
воспи́тывать **НСВ** I воспита́ть **СВ** I + кого(4)	양육하다, 교육하다	나는 내 아이를 올바로 키울 수 있기를 정말 바란다.

П Р С Т У Ф Х Ц Ч Ш Щ Ъ Ы Ь Э Ю Я

– Почему вам нравится Сеул?
– **Во-первых**, это очень красивый город.

У вас есть **вопросы**?

В России сигареты можно покупать с **18** лет.

Позвони мне сегодня вечером в **8** часов.

Я купил эту футболку всего за **80** рублей.

В этой школе учится **800** школьников.

Олег, что ты делаешь в **воскресенье**? Давай пойдём в кино!

Родители дали мне хорошее **воспитание**.

Я очень надеюсь, что смогу **воспитать** своего сына правильно.

воспомина́ние	추억, 회상	나는 우리 만남을 추억으로 간직할 것이다.
восто́к 단수만	동쪽	태양은 동쪽에서 뜬다.
восто́чный -ая, -ое, -ые	동쪽의	우끄라이나는 동유럽에 있다.
восьмо́й -ая, -ое, -ые	여덟 번째의	내 생일은 3월 8일이다.
вот	여기, 이것	이것은 잭이 지은 집이다.
впервы́е	최초로	나는 당신 도시에 처음입니다.
вперёд	앞으로, 앞쪽으로	앞으로 가세요. 그 다음에 오른쪽으로 도세요.
впереди́ + кого-чего(2)	앞에, 앞서서	나는 앞에 있는 내 친구들을 보고 그들을 향해 갔다.
впечатле́ние	감동, 소감	이 전시회는 나에게 큰 감동을 주었다.
враг	적	전에 우리는 친구였지만 지금 그는 내 적이다.

П Р С Т У Ф Х Ц Ч Ш Щ Ъ Ы Ь Э Ю Я

Я сохраню **воспоминания** о нашей встрече.

Солнце встаёт на **востоке**.

Украина – это страна в **восточной** Европе.

Мой день рождения **восьмого** марта.

Вот дом, который построил Джек.

Я **впервые** в вашем городе.

Идите **вперёд**, а потом поверните направо.

Впереди я увидел моих друзей и пошёл навстречу им.

Эта выставка произвела на меня очень хорошее **впечатление**.

Раньше мы были друзьями, но сейчас он – мой **враг**.

А Б **В** Г Д Е Ё Ж З И Й К Л М Н О

врач	의사	만약 몸이 안 좋으면 너는 의사에게 가야 한다.
вре́дно	해롭게, 해롭다	흡연은 해롭다.
вре́дный -ая, -ое, -ые	해를 끼치는, 해로운	패스트푸드는 해로운 음식이다.
вре́мя 중 [복생] времён	시간	시간이 다 되었습니다. 시험지 쓰는 것을 멈추세요.
всегда́	언제나, 항상	항상 진실을 말해라.
Всего́ хоро́шего!		모든 일이 잘 되시길! (헤어질 때 인사)
всё 명	모든 것, 모든 일	그가 선생님에게 이야기한 모든 것은 아주 흥미진진했다.
вслух	들리도록, 소리를 내어	이 텍스트를 처음에는 소리내어 읽고, 다음에는 속으로 읽으세요.
вспомина́ть НСВ I вспо́мнить СВ II + кого-что(4) 혹은 о ком-чём(6)	1) 회상하다 2) 생각해 내다	그들은 자주 시골에서 보낸 마지막 주를 회상한다. 사샤를 보았을 때, 나는 그에게 주기로 약속했던 책이 생각났다.

П Р С Т У Ф Х Ц Ч Ш Щ Ъ Ы Ь Э Ю Я

Если ты плохо себя чувствуешь, тебе нужно пойти к **врачу**.

Курить – **вредно**.

Фаст-фуд – очень **вредная** еда.

Время заканчивается, заканчивайте писать тест.

Всегда говори правду.

Всё, что он рассказал преподавателю, было очень интересным.

Прочитайте этот текст сначала **вслух**, а потом про себя.

1) Они часто **вспоминают** последнюю неделю в деревне.
2) Когда я увидел Сашу, я **вспомнил** о книге, которую обещал дать ему.

А Б **В** Г Д Е Ё Ж З И Й К Л М Н О

вставáть **НСВ** (встаю́, -таёшь) встать **СВ** (встáну, -áнешь)	일어나다, 기상하다	아들아, 일어나! 벌써 열 시야.
встрéча	만남	나는 우리 만남이 매우 기쁘다.
встречáть **НСВ** I встрéтить **СВ** (встрéчу, -éтишь) + кого-что(4)	만나다	어제 나는 콘서트에 갔었고, 거기에서 학교 친구를 만났다.
встречáться **НСВ** I встрéтиться* **СВ** + с кем(5)	~와 만나다	내일 7시에 지하철역 근처에서 만나자.
втóрник	화요일	나는 화요일마다 수영장에 간다.
вторóй -ая, -ое, -ые	두 번째의	서점은 2층에 있다.
вход	입구	나 조금 늦어. 극장 입구에서 기다려.
входи́ть **НСВ** (вхожу́, -хóдишь) войти́* **СВ** + куда(4)	들어가다	나는 부엌에 들어가서 상에 저녁이 이미 차려져 있는 것을 보았다.

П Р С Т У Ф Х Ц Ч Ш Щ Ъ Ы Ь Э Ю Я

Сынок, **вставай**! Уже 10 часов.

Я очень рад нашей **встрече**.

Вчера я был на концерте и **встретил** там своего школьного друга.

Давай **встретимся** завтра в 7 часов около станции метро.

*встре́титься (встре́чусь, -е́тишься)

Я хожу в бассейн по **вторникам**.

Книжный магазин находится на **втором** этаже.

Я немного опоздаю. Жди меня около **входа** в театр.

Я **вошёл** в кухню и увидел, что ужин уже стоял на столе.

*войти́ (войду́, -йдёшь; 🆔 вошёл, вошла́, вошли́)

А Б **В** Г Д Е Ё Ж З И Й К Л М Н О

вчера́	어제	어제는 매우 더웠다.
вчера́шний -яя, -ее, -ие	어제의	까쨔, 어제 문법 수업에서 무엇을 배웠는지 이야기해 줘.
вы	너희들, 당신, 당신들	당신은 클래식 음악을 좋아합니까?
выбира́ть НСВ I вы́брать СВ (вы́беру, -берешь) + кого-что(4)	선택하다, 고르다	나의 아들은 곧 대학에 입학한다. 그래서 그는 지금 무엇을 전공할지 고르고 있다.
выезжа́ть НСВ I вы́ехать СВ (вы́еду, -едешь) + куда(4) + откуда(2)	(교통 수단을 이용하여) 밖으로 나가다	공항에 제시간에 가려면 우리는 3시간 전에 나가야 한다.
выздора́вливать НСВ I вы́здороветь* СВ	완쾌하다, 건강을 회복하다	얼른 나으세요!
вызыва́ть НСВ I вы́звать СВ (вы́зову, -зовешь) + кого-что(4)	불러내다, 호출하다	지하철 운행이 끊겨서 나는 택시를 불렀다.

П Р С Т У Ф Х Ц Ч Ш Щ Ъ Ы Ь Э Ю Я

Вчера было очень жарко.

Катя, расскажи, пожалуйста, что было на **вчерашнем** уроке по грамматике.

Вы любите классическую музыку?

Мой сын скоро будет поступать в университет, и сейчас он **выбирает**, на кого он хочет учиться.

Чтобы успеть в аэропорт вовремя, нам нужно **выехать** за 3 часа.

Выздоравливай скорей!

*вы́здороветь (вы́здоров*ею, -овеешь*)

Метро было закрыто, поэтому я **вызвал** такси.

А Б **В** Г Д Е Ё Ж З И Й К Л М Н О

вы́игрывать **НСВ** I вы́играть **СВ** I	이기다, 상을 타다	내 (여자) 친구는 노래 경연 대회에서 우승했다.
выключа́ть **НСВ** I вы́ключить **СВ** II + что(4)	끄다	아파트에서 나올 때 불을 꺼.
выполня́ть **НСВ** I вы́полнить **СВ** II + что(4)	수행하다	나쟈는 항상 자기 약속을 이행한다.
выража́ть **НСВ** I вы́разить* **СВ** + что(4)	표현하다, (의견 등을) 나타내다	이 노래는 내 마음을 잘 표현하고 있다.
высо́кий -ая, -ое, -ие [비교급 вы́ше]	높은	서울에서 가장 높은 건물은 무엇입니까?
высоко́	높이, 높다	교수님들이 우리 작업을 높이 평가했다.
вы́ставка [복생 вы́ставок]	박람회, 전시회	전시회 입장권은 200루블이다.

П Р С Т У Ф Х Ц Ч Ш Щ Ъ Ы Ь Э Ю Я

Моя подруга **выиграла** конкурс певцов.

Когда выйдёшь из квартиры, **выключи** свет.

Надя всегда **выполняет** свои обещания.

Эта песня хорошо **выражает** мои чувства.

*вы́разить (вы́ражу, -азишь)

Какое здание самое **высокое** в Сеуле?

Профессора **высоко** ценили нашу работу.

Билет на **выставку** стоит двести рублей.

А Б **В** Г Д Е Ё Ж З И Й К Л М Н О

выступа́ть **НСВ** I вы́ступить **СВ** (вы́ступлю, -пишь) **+ где(6)**	공연하다, 발표하다	나는 많은 사람들 앞에서 공연하는 것이 걱정된다.
выступле́ние	공연	나는 유명한 가수의 공연이 아주 마음에 들었다.
вы́сший -ая, -ее, -ие	높은	현대에는 고등교육을 받는 것이 매우 중요하다.
вы́ход	출구	여기 4번 출구가 어디인지 말씀해 주십시오.
выходи́ть **НСВ** (выхожу́, -о́дишь) вы́йти* **СВ** **+ куда(4) + откуда(2)**	나오다, 나가다	너는 보통 몇 시에 집에서 나오니?

П Р С Т У Ф Х Ц Ч Ш Щ Ъ Ы Ь Э Ю Я

Я очень боюсь **выступать** перед большим количеством людей.

Мне очень понравилось **выступление** известного певца.

В наше время очень важно получить **высшее** образование.

Скажите, пожалуйста, где здесь **выход** номер 4?

Во сколько ты обычно **выходишь** из дома?

*вы́йти (вы́*йду*, -*йдешь*; 🅿 вы́шел, вы́шла, вы́шли)

газ	가스	한국은 해외에서 가스를 산다.
газе́та	신문	매일 아침 나는 출근할 때 지하철에서 신문을 읽는다.
галере́я	미술관, 갤러리	이번 달에 모스끄바에 현대미술관이 문을 열었다.
га́лстук	넥타이	이 셔츠에 어떤 넥타이가 어울린다고 생각하니?
гара́ж	차고	아버지는 우리의 오래된 소파를 차고로 가지고 갔다.
гастроно́м	식품 가게	나는 식료품점에 가서 저녁 찬거리를 사야 한다.
где	어디에	우리 어디서 만날까?
где́-нибу́дь	아무데나, 어디에서든	나는 오늘 저녁 식사 준비를 하고 싶지 않아. 어디 나가서 저녁 먹자.
где́-то	어딘가에서	내 생각에 나는 이미 이 사람을 어딘가에서 보았다.
генера́л	장군	내 친구 아버지는 장군이다.

Корея покупает **газ** за границей.

Каждое утро, когда я еду в метро на работу, я читаю **газету**.

В этом месяце в Москве открылась новая **галерея** современного искусства.

Как ты думаешь, какой **галстук** подойдёт к этой рубашке?

Отец отнёс наш старый диван в **гараж**.

Мне надо зайти в **гастроном** и купить продукты к ужину.

Где мы встретимся?

Я не хочу готовить ужин сегодня. Давай **где-нибудь** поужинаем.

Мне кажется, я уже **где-то** видел этого человека.

Отец моего друга – **генерал**.

А Б В **Г** Д Е Ё Ж З И Й К Л М Н О

геóграф	지리학자	우리의 새 지리학자는 복잡한 문제를 아주 쉽게 설명한다.
географи́ческий -ая, -ое, -ие	지리(학)의	비비 호수는 러시아의 지리학적 중앙이다.
геогрáфия	지리학	나는 학교에서 지리학 공부를 못했다. 그래서 나는 폴란드의 수도를 모른다.
геóлог	지질학자	나의 형은 지질학자가 되고 싶어한다.
геологи́ческий -ая, -ое, -ие	지질(학)의	부모님은 나의 형이 지질학부에 입학하는 것을 원하지 않는다.
геолóгия	지질학	나는 지질학이 재미없는 학문이라고 생각한다.
герóй	영웅, 주인공	도스또옙스끼 작품의 주인공들은 평범한 사람들이다.
гимнáзия	김나지움	나는 학교보다 김나지움에서 공부하는 것이 더 어렵다고 생각한다.
гимнáстика **단수만**	체조	어린 시절에 나는 체조를 했다.
гитáра	기타	나는 기타 치는 법을 배우고 싶다.

Наш новый **географ** очень просто объясняет сложные темы.

Озеро Виви является **географическим** центром России.

Я плохо учил в школе **географию**, поэтому я не знаю столицу Польши.

Мой брат хочет стать **геологом**.

Родители не хотят, чтобы мой брат поступал на **геологический** факультет.

Я думаю, что **геология** не интересная наука.

Герои произведений Ф.М. Достоевского – обычные люди.

Я думаю, что в **гимназии** учиться труднее, чем в школе.

В детстве я занимался **гимнастикой**.

Я очень хочу научиться играть на **гитаре**.

А Б В **Г** Д Е Ё Ж З И Й К Л М Н О

глава́	우두머리, 정상; (책의) 장(章)	당신 나라의 총리는 누구입니까?
гла́вный -ая, -ое, -ые	중요한, 중심의	상뜨뻬쩨르부르그의 중심가는 넵스끼 대로이다.
глаго́л	동사	이 동사에는 여러 가지 뜻이 있다.
глаз [복 глаза́]	눈	네 눈이 참 아름답구나!
глубо́кий -ая, -ое, -ие [비교급 глу́бже]	깊은	네바 강은 러시아에서 가장 깊은 강들 가운데 하나이다.
глубоко́	깊게, 깊다	나는 이 수영장이 더 마음에 든다. 여기가 더 깊다.
глу́пый -ая, -ое, -ые	멍청한, 우둔한	나는 어리석은 사람들을 가장 싫어한다.
глу́по	멍청하게, 멍청하다	스포츠센터에 돈을 내놓고 가지 않는 것은 어리석은 일이다.
говори́ть НСВ II сказа́ть СВ (скажу́, -жешь) + кому(3) + что(4)	말하다	무슨 얘기를 하고 싶은 거야? (무슨 소리야?)

П Р С Т У Ф Х Ц Ч Ш Щ Ъ Ы Ь Э Ю Я

Кто является **главой** правительства в вашей стране?

Главная улица Санкт-Петербурга – Невский проспект.

У этого **глагола** есть несколько значений.

Какие у тебя красивые **глаза**!

Нева – одна из самых **глубоких** рек в России.

Этот бассейн мне нравится больше: он **глубже**.

Больше всего я не люблю **глупых** людей.

Глупо заплатить за спортивный зал и не ходить туда.

Что ты хочешь этим **сказать**?

год	해, 년	지금은 몇 년도입니까?
голова́	머리	음악 소리를 좀 줄여 주세요. 나는 머리가 아주 아픕니다.
голо́дный -ая, -ое, -ые	배고픈, 허기진	나는 배가 너무 고파서 수프를 두 그릇이나 먹었다.
го́лос [복 голоса́]	목소리, 의견	이 가수는 아주 힘 있고 아름다운 목소리를 가지고 있다.
голубо́й -ая, -ое, -ые	하늘색의	나는 종종 하늘색 물건을 산다.
гора́	산	산에는 아름다운 궁전이 있다.
горди́ться* НСВ + кем-чем(5)	자랑스러워 하다	그는 자신의 아이들을 자랑스러워 한다.
го́рдый -ая, -ое, -ые	자랑스러운, 자만하는	스베따는 너무 거만해서 한 번도 먼저 미안하다고 하지 않는다.
го́ре 단수만	비애, 슬픔	친구와는 슬픔과 기쁨을 나눌 수 있다.
горе́ть НСВ II сгоре́ть СВ II	타다, 켜지다	집은 나무로 만들어졌기 때문에 화재 때 아주 빨리 타 버렸다.
го́рло	목	나는 목이 아파서 말을 하기가 힘들다.

| П Р С Т У Ф Х Ц Ч Ш Щ Ъ Ы Ь Э Ю Я |

Какой сейчас **год**?

Пожалуйста, сделай музыку тише – у меня очень болит **голова**.

Я съел две тарелки супа, потому что был очень **голодный**.

У этой певицы очень сильный и красивый **голос**.

Я часто покупаю **голубые** вещи.

На **горе** стоит красивый дворец.

Он **гордится** своими детьми.

*горди́ться (горжу́сь, -ди́шься)

Света никогда не извиняется первой, потому что она слишком **гордая**.

С друзьями можно делить **горе** и радость.

Дом был деревянным, поэтому очень быстро **сгорел** во время пожара.

Мне трудно говорить, потому что у меня болит **горло**.

го́род	도시	서울은 아름다운 도시이다.
городско́й -ая, -ое, -ие	도시의	내일 오후에 시민 공원에서 산책하자.
го́рький -ая, -ое, -ие	쓴	단것을 먹고 나니 쓴 것이 먹기 싫다.
горя́чий -ая, -ее, -ие	뜨거운	- 차나 커피 마실래? - 차를 줘. 다만 너무 뜨겁지 않은 것으로.
господи́н [복 господа́]	(경칭) 씨, 님	이바노프 씨는 바빴다. 그래서 나는 오늘 아침에 그와 이야기를 할 수 없었다.
госпожа́	(경칭) 부인	밀러 부인은 바다에서 쉬는 것을 좋아한다.
гостеприи́м- ный -ая, -ое, -ые	손님을 후하게 대접하는	러시아 사람들은 손님 접대를 매우 좋아하는 사람들이다.
гости́ница	호텔	당신은 어떤 호텔에 묵으라고 조언 하시겠습니까?
гость 남	손님	나의 엄마는 손님을 후하게 대접하는 사람이다. 그녀는 언제나 손님들을 기쁘게 맞이한다.

П Р С Т У Ф Х Ц Ч Ш Щ Ъ Ы Ь Э Ю Я

Сеул – прекрасный **город**.

Давай завтра днём погуляем в **городском** парке.

После сладкого уже не хочу **горького**.

– Ты будешь чай или кофе?
– Чай, пожалуйста, только не очень **горячий**.

Господин Иванов был занят, поэтому я не смог поговорить с ним сегодня утром.

Госпожа Миллер любит отдыхать на море.

Русские – очень **гостеприимные** люди.

В какой **гостинице** вы посоветуете мне остановиться?

Моя мама очень гостеприимная, она всегда рада **гостям**.

А Б В　Д Е Ё Ж З И Й К Л М Н О

госуда́рствен-ный -ая, -ое, -ые	국가의, 정부의	나는 지금 모스끄바 국립대학교에서 공부하고 있다.
госуда́рство	국가, 정부	국가는 노인들을 부양해야 한다.
гото́в 형단 -а, -о, -ы	준비되다	누가 대답할 준비가 되었습니까?
гото́вить HCB (гото́влю, -вишь) пригото́вить CB + что(4)	준비하다, 요리하다	오늘 저녁으로 나는 러시아 전통 음식을 준비할 것이다.
гото́виться HCB подгото́виться CB + к чему(3)	준비하다	곧 휴가라서 우리는 벌써 떠날 준비를 하고 있다.
гра́дус	(각도, 온도, 알코올 음료 등의) 도	오늘은 16도로 따뜻하다.
граждани́н [복] гра́ждане]	남자 시민·국민	러시아 국민은 언제나 러시아 대사관에 도움을 요청할 수 있다.
гражда́нка [복생 гражда́нок]	여자 시민·국민	여성 분, 앞으로 가 주세요. (호칭으로 사용)

П Р С Т У Ф Х Ц Ч Ш Щ Ъ Ы Ь Э Ю Я

Сейчас я учусь в Московском **государственном** университете.

Государство должно помогать старым людям.

Кто **готов** отвечать?

Сегодня на ужин я **приготовлю** традиционное русское блюдо.

Скоро отпуск и мы уже **готовимся** к отъезду.

Сегодня тепло, 16 **градусов**.

Граждане России всегда могут обратиться за помощью в Российское посольство.

Гражданка, пройдите вперёд, пожалуйста.

гражда́нство	국적	나는 벌써 여러 해 한국에서 살고 있고, 한국 국적을 취득하고 싶다.
грамм	그램	이 햄 300그램 주세요.
грамма́тика	문법	어떻게 하면 빨리 러시아어 문법을 뗄 수 있을까요?
грани́ца	국경, 경계선	러시아는 북한과 국경을 맞대고 있다.
грипп **단수만**	독감	겨울에 러시아에서는 많은 사람들이 독감에 걸린다.
гро́мкий -ая, -ое, -ие [비교급 гро́мче]	(소리가) 큰	나의 어머니는 시끄러운 음악을 좋아하지 않는다.
гро́мко	(소리가) 크게, 크다	너희는 너무 크게 이야기하고 있다.
гру́бый -ая, -ое, -ые	거친, 무례한	«гру́бый»는 «ве́жливый»의 반대말이다.
грудь **여**	흉부, 가슴	나는 침대에 누웠고, 내 가슴에 고양이가 앉았다.
гру́ппа	그룹	나의 그룹에는 많은 외국인들이 공부한다.

Я уже много лет живу в Корее и хочу получить корейское **гражданство**.

Дайте мне, пожалуйста, 300 **граммов** этой колбасы.

Как быстро выучить **грамматику** русского языка?

У России есть общая **граница** с Северной Кореей.

Зимой в России очень много людей болеют **гриппом**.

Моей маме не нравится **громкая** музыка.

Вы слишком **громко** говорите.

«**Грубый**» – антоним слова «вежливый».

Я лежал на кровати, а на **груди** у меня сидел мой кот.

В моей **группе** учится много иностранцев.

А Б В **Г** Д Е Ё Ж З И Й К Л М Н О

гру́стно	슬프게, 슬프다	밖에 비가 오면 나는 항상 우울하다.
гру́стный -ая, -ое, -ые	우울한, 슬픈	많은 여자들이 사랑에 관한 슬픈 노래를 좋아한다.
гря́зно	더럽게, 더럽다	밖에 종일 비가 와서 지금 거리는 지저분하다.
гря́зный -ая, -ое, -ые	더러운	이 수건은 더러워. 다른 것 있니?
гуля́ть НСВ I погуля́ть СВ I + где(6) + с кем(5)	산책하다, (밖에서) 놀다	아침에 나는 내 개와 산책하려고 빨리 일어난다.
гуманита́рный -ая, -ое, -ые	인문(학)의	나의 아들은 지금 인문학부에서 공부한다.

П Р С Т У Ф Х Ц Ч Ш Щ Ъ Ы Ь Э Ю Я

Мне всегда **грустно**, когда на улице идёт дождь.

Многие девушки любят **грустные** песни о любви.

Весь день на улице шёл дождь, и сейчас на улице **грязно**.

Это полотенце **грязное**, у тебя есть другое?

Утром я встаю очень рано, чтобы **погулять** с моей собакой.

Мой сын учится сейчас в **гуманитарном** классе.

да	네	– 너 벌써 점심 먹었니? – 응.
дава́й(те)	하자! 합시다!	인사합시다. 나는 여러분의 새로운 선생님입니다.
дава́ть НСВ (даю́, даёшь) дать* СВ + кому(3) + что(4)	주다	미안해. 나도 사전이 필요해서 너에게 줄 수가 없어.
давно́	오래전부터	나는 지금 한국에 살고 있어서 아주 오랫동안 가족을 만나지 못했다.
да́же	~조차도, 심지어	지금 나는 심지어 주말에도 공부를 한다. 왜냐하면 곧 어려운 시험이 있기 때문이다.
далеко́	멀리, 멀다	시내에서 멀리 살아요?
далёкий -ая, -ое, -ие [비교급 да́льше]	먼	이 학생은 먼 도시에서 왔다.
да́льний -яя, -ее, -ие	먼	나의 친구들은 극동에서 왔다.

– Ты уже пообедал?
– **Да**.

Давайте познакомимся. Я ваш новый преподаватель.

Извини, я не могу **дать** тебе мой словарь, потому что он мне тоже нужен.

*дать (дам, дашь, даст, дади́м, дади́те, даду́т)

Сейчас я живу в Корее и очень **давно** не видел свою семью.

Сейчас я занимаюсь **даже** по выходным, потому что совсем скоро у меня будет очень трудный экзамен.

Вы живёте **далеко** от центра?

Этот студент приехал из **далёкого** города.

Мои друзья приехали с **Дальнего** Востока.

А Б В Г **Д** Е Ё Ж З И Й К Л М Н О

дари́ть НСВ II подари́ть СВ II + кому(3) + что(4)	선물하다	너는 사샤 생일에 선물로 무엇을 줄 거니?
да́та	날짜	당신 생일을 쓰는 것을 잊지 마세요.
да́ча	별장	나의 부모님은 매 주말마다 별장에 간다.
два, две	2	책상에는 두 개의 볼펜과 두 개의 연필이 놓여 있다.
два́дцать	20	내일 나는 스무 살이 된다.
два́жды	두 번, 두 배	나는 러시아 박물관에 두 번 갔었다.
двена́дцать	12	수업은 12시에 끝난다.
дверь 🖼	문	나는 교실에 들어가고 싶었지만 문이 닫혀 있었다.
две́сти	200	이 반팔 티셔츠는 비싸지 않다. 고작 200루블이다.
дви́гаться НСВ I дви́нуться СВ (дви́нусь, дви́нешься)	움직이다	겨울에는 추위를 타지 않으려면 많이 움직여야 한다.

П Р С Т У Ф Х Ц Ч Ш Щ Ъ Ы Ь Э Ю Я

Что ты хочешь **подарить** Саше на день рождения?

Не забудьте написать **дату** вашего рождения.

Мои родители ездят на **дачу** каждые выходные.

На столе лежало **две** ручки и **два** карандаша.

Завтра мне будет **двадцать** лет.

Я был в Русском музее **дважды**.

Урок заканчивается в **двенадцать** часов.

Я хотел войти в класс, но **дверь** была закрыта.

Эта футболка не очень дорогая: она стоит всего **двести** рублей.

Зимой, чтобы не было холодно, нужно много **двигаться**.

А Б В Г Д Е Ё Ж З И Й К Л М Н О

движе́ние	운동, 움직임	오늘 우리는 운동동사를 공부해 보겠습니다.
дво́е 집합	둘, 두 명	어제 나는 가게에 가서 내 셔츠 두 개와 바지 두 개를 샀다.
дво́йка [복생] дво́ек]	(5점 만점의) 2점	학생은 숙제를 하지 않아서 2점을 받았다.
двор	마당	집에서 나와서 나는 마당에서 아이들이 노는 것을 보았다.
дворе́ц [단생] дворца́] [복] дворцы́]	궁전	나는 공주가 되어 아름다운 궁전에 살고 싶다.
де́вочка [복생] де́вочек]	소녀	그녀에게는 여자 아이와 남자 아이, 2명의 아이가 있다.
де́вушка [복생] де́вушек]	처녀, 아가씨	어제 나는 나이트클럽에서 아주 매력적인 아가씨를 알게 되었다.
девяно́сто	90	이 치즈는 아주 비싸서 나는 90그램만 샀다.
девятна́дцать	19	12 더하기 7은 19이다.

П Р С Т У Ф Х Ц Ч Ш Щ Ъ Ы Ь Э Ю Я

Сегодня мы начнём изучать с вами глаголы **движения**.

Вчера я ходил в магазин и купил себе две рубашки и **двое** брюк.

Школьник не сделал домашнее задние и получил **двойку**.

Когда я вышел из дома, я увидел, что во **дворе** играют дети.

Я хочу стать принцессой и жить в красивом **дворце**.

У неё двое детей: **девочка** и мальчик.

Вчера на дискотеке я познакомился с очень симпатичной **девушкой**.

Этот сыр очень дорогой, поэтому я купил только **девяносто** граммов.

12 плюс 7 равно **девятнадцать**.

А Б В **Г** Д Е Ё Ж З И Й К Л М Н О

девя́тый -ая, -ое, -ые	아홉 번째의	나는 9학년 때 가장 좋은 친구와 알게 되었다.
де́вять	9	우리 그룹에는 9명이 있다.
девятьсо́т	900	나는 1985년에 태어났다.
де́душка [복생 де́душек]	할아버지	나의 할아버지는 아주 나이가 많다. 그는 99세이다.
де́йствие	행위, 영향, 효력, 일	동사는 행위를 가리키는 단어이다.
действи́тельно	실제로	세르게이는 이것이 아주 재미있는 영화라고 말했다. 그리고 실제로 이 영화는 내 마음에 들었다.
дека́брь 남	12월	12월은 겨울의 첫 번째 달이다.
дека́н	학(과)장	나는 우리 학부의 학장과 이야기해야 한다.
деклара́ция	신고서	공항에서 당신은 세관 신고서를 작성해야 할 것이다.
де́лать НСВ I **сде́лать СВ** I **+ что(4)**	하다, 만들다	너는 오늘 저녁에 뭐 할 거니?

П Р С Т У Ф Х Ц Ч Ш Щ Ъ Ы Ь Э Ю Я

Я познакомился с моим лучшим другом, когда учился в **девятом** классе.

В моей группе **девять** человек.

Я родился в тысяча **девятьсот** восемьдесят пятом году.

Мой **дедушка** уже очень старый, ему уже 99 лет.

Глагол – это слово, обозначающее **действие**.

Сергей сказал, что это очень интересный фильм. И этот фильм **действительно** мне очень понравился.

Декабрь – это первый месяц зимы.

Мне нужно поговорить с **деканом** моего факультета.

В аэропорту вам нужно будет заполнить таможенную **декларацию**.

Что ты будешь **делать** сегодня вечером?

делега́ция	대표단, 사절단	러시아 대통령은 한국에서 온 사절단을 맞이했다.
дели́ть НСВ II раздели́ть СВ II + что(4) + на что(4)	나누다	25 나누기 5는 5이다.
дели́ться НСВ раздели́ться СВ + на что(4)	나뉘다	11은 5로 나눠지지 않는다.
де́ло	일	스베따, 나랑 이야기 좀 하자. 나는 너에게 중요한 할 말이 있어.
демократи́ческий -ая, -ое, -ие	민주주의의	나는 민주주의 국가에서 사는 것이 기쁘다.
демонстра́ция	시위, 행진; 설명, 전시	5월 1일 러시아 사람들은 축제 행진에 나간다.
день [**단생** дня]	날, 일, 낮	2월은 보통 28일이다.
де́ньги **복수만** [**생** де́нег]	돈	잔돈으로 바꿔 주시겠어요?
депута́т	의원	나의 아버지는 의원으로 일하고 있다.

П Р С Т У Ф Х Ц Ч Ш Щ Ъ Ы Ь Э Ю Я

Президент России встретил **делегацию** из Кореи.

25 **разделить** на 5 равно 5.

11 не **делится** на 5.

Света, мне нужно с тобой поговорить: у меня есть очень важное **дело** к тебе.

Я очень рад, что живу в **демократической** стране.

1 мая русские люди ходят на праздничную **демонстрацию**.

В феврале обычно 28 **дней**.

Вы разменяете **деньги**?

Мой отец работает **депутатом**.

А Б В Г **Д** Е Ё Ж З И Й К Л М Н О

дере́вня [복생 дереве́нь]	시골	나의 할머니는 시골에 산다.
де́рево [복 дере́вья]	나무	자작나무는 아주 아름다운 나무이다.
деревя́нный -ая, -ое, -ые	나무의, 나무로 만든	나무 숟가락은 좋은 러시아 기념품이다.
держа́ть НСВ (держу́, -éржишь) + кого́-что(4)	잡다, 들다; 지탱하다	광장에 사람이 너무 많아서 어머니는 아이의 손을 꽉 잡았다.
деся́тый -ая, -ое, -ые	열 번째의	– 안나는 언제 미국에서 돌아옵니까? – 10월 10일에요.
де́сять	10	엄마, 나에게 10루블을 주세요.
детекти́в [дэтэ]	추리소설	지하철에서 나는 보통 추리소설을 읽는다.
де́ти 복 [단 ребёнок] [복생 дете́й]	아이들	선생님은 아이들을 사랑해야 한다.
де́тский -ая, -ое, -ие	아이의, 어린이의	이 가게에서는 아동복을 판매한다.

П Р С Т У Ф Х Ц Ч Ш Щ Ъ Ы Ь Э Ю Я

Моя бабушка живёт в **деревне**.

Берёза – очень красивое **дерево**.

Деревянные ложки – хороший русский сувенир.

На площади было много народу и мать крепко **держала** ребёнка за руку.

– Когда Анна вернётся из Америки?
– **Десятого** октября.

Мама, дай мне, пожалуйста, **десять** рублей.

В метро я обычно читаю **детективы**.

Учитель должен любить **детей**.

В этом магазине продают **детскую** одежду.

А Б В Г **Д** Е Ё Ж З И Й К Л М Н О

де́тство **단수만**	어린 시절	그는 어린 시절부터 일찍 일어나는 습관이 되어 있다.
дешёвый -ая, -ое, -ые [비교급 деше́вле]	싼, 저렴한	이 가게에서는 싼 물건들을 판다.
де́ятель **남**	활동가, 일꾼	리하쵸프는 유명한 학자이다.
дёшево	싸게, 싸다	감자가 정말 싸. 겨우 10루블이야.
джи́нсы **복수만**	청바지	나는 보통 반팔 티셔츠와 청바지를 입고 다닌다.
диало́г	대화문	집에서 학생들은 대화문을 읽고 새로운 단어들을 외워야 한다.
дива́н	소파	나는 크고 편안한 소파를 내 방으로 사왔다.
дикта́нт	받아쓰기	내일 우리는 받아쓰기를 할 예정이니 다시 한 번 단어와 예문들을 복습하세요.
диплома́т	외교관	옥사나는 프랑스에서 오랫동안 살았다. 왜냐하면 그녀의 아빠가 거기서 외교관으로 일했기 때문이다.
дире́ктор	사장, 부장	우리 사장님은 출장을 갔다.

П Р С Т У Ф Х Ц Ч Ш Щ Ъ Ы Ь Э Ю Я

Он с **детства** привык рано вставать.

В этом магазине продают **дешёвые** товары.

Д.С. Лихачёв – известный **деятель** науки.

Какая **дешёвая** картошка – всего 10 рублей!

Я обычно хожу в футболке и **джинсах**.

Дома студенты должны прочитать **диалог** и выучить новые слова.

В свою комнату я купил большой удобный **диван**.

Пожалуйста, повторите ещё раз слова и выражения, потому что завтра мы будем писать **диктант**.

Оксана долго жила во Франции, так как её папа работал там **дипломатом**.

Наш **директор** уехал в командировку.

А Б В Г **Д** Е Ё Ж З И Й К Л М Н О

дирижёр	지휘자	발레리 게르기예프는 아주 유명한 러시아 지휘자이다.
диске́та	플로피디스크, 디스켓	지금은 거의 아무도 플로피디스크를 사용하지 않는다.
дискуссия	토론	매 수업 시간에 우리는 학생들과 열띤 토론을 벌인다.
диссерта́ция	학위논문	일리야는 지금 대학원에서 공부하고 있고, 논문을 쓰고 있다.
длина́ **단수만**	길이	볼가 강의 길이는 3,530킬로미터이다.
дли́нный -ая, -ое, -ые	긴	어제 파티에서 끄세니야는 긴 검정색 드레스를 입었다.
для + кого-чего(2)	~을 위해	너는 누구를 위해 이 잡지를 샀니?
днём	낮에	어린아이들은 낮에 자는 것을 좋아하지 않는다.
до + кого-чего(2)	~까지	월말까지는 겨우 이틀 남았다.

Валерий Гергиев – очень известный русский **дирижёр**.

Сейчас уже почти никто не пользуется **дискетами**.

На каждом уроке у нас со студентами идёт активная **дискуссия**.

Илья сейчас учится в аспирантуре и пишет **диссертацию**.

Длина Волги 3,530 километров.

Вчера на вечеринке Ксения была в **длинном** чёрном платье.

Для кого ты купил этот журнал?

Маленькие дети не любят спать **днём**.

До конца месяца осталось всего два дня.

А Б В Г **Д** Е Ё Ж З И Й К Л М Н О

добавля́ть НСВ I доба́вить СВ (доба́влю, -а́вишь) + что(4) + во что(4) 혹은 к чему(3)	더하다, 추가하다	샐러드를 맛있게 하려면 거기에다 기름을 조금 넣어야 한다.
добива́ться НСВ I доби́ться* СВ + чего(2)	(노력해서 어떤 것을) 얻다, 도달하다	성공을 하기 위해서는 아주 열심히 일해야 한다.
доброта́ 단수만	선량, 친절	친절은 사람을 더 훌륭하게 만든다.
до́брый -ая, -ое, -ые	좋은, 선한	그의 눈이 선해서 나는 그가 착한 사람이라고 생각한다. (인사말) 좋은 아침입니다! 좋은 오후입니다! 좋은 저녁입니다!
дово́лен 형단 дово́льна, дово́льны	만족하다	나는 그릇을 씻었고, 엄마는 만족해했다.
догова́риваться НСВ I договори́ться СВ II + о чём(6) + с кем(5)	약속하다, 합의하다	나는 이리나와 내일 저녁에 기숙사 근처에서 만나기로 약속했다.

П Р С Т У Ф Х Ц Ч Ш Щ Ъ Ы Ь Э Ю Я

Чтобы салат был вкуснее, в него нужно **добавить** немного масла.

Человеку нужно очень много работать, чтобы **добиться** успеха.

*доби́ться (добью́сь, -бьёшься)

Доброта делает человека лучше.

Я думаю, что он хороший человек, потому что у него очень **добрые** глаза.

Доброе утро!
Добрый день (вечер)!

Я помыл всю посуду, и мама была **довольна**.

Я **договорился** с Ириной встретиться завтра вечером около общежития.

А Б В Г **Д** Е Ё Ж З И Й К Л М Н О

доезжа́ть **НСВ** I дое́хать **СВ** (дое́ду, -е́дешь) **+ до чего(2)**	(교통 수단을 이용하여) 도달하다	시내에 어떻게 가는지 알려 주십시오.
дождь 🔔	비	우산을 가져가! 밖에 비가 많이 와.
дока́зывать **НСВ** I доказа́ть **СВ** (докажу́, -а́жешь) **+ что(4) + кому(3)**	증명하다	네가 옳다는 걸 증명해 봐.
докла́д	보고, 발표	나는 내일 수업을 위해 내 고향에 대한 발표를 준비해야 한다.
до́ктор	박사, 의사	언제 의사가 진료를 보는지 말해 주세요.
докуме́нт	서류, 증명서	대학에 입학하려면 고등학교 졸업증명서가 필요하다.
документа́льный -ая, -ое, -ые	서류의, 다큐멘터리의	어제 나는 바이칼 호수에 대한 흥미로운 다큐멘터리 영화를 보았다.
до́лгий -ая, -ое, -ие	긴	이것은 긴 영화이다. 거의 4시간 동안 상영된다.

П Р С Т У Ф Х Ц Ч Ш Щ Ъ Ы Ь Э Ю Я

Скажите, пожалуйста, как **доехать** до центра.

Возьми зонт! На улице идёт сильный **дождь**.

Докажи мне, что ты прав.

Завтра на урок мне нужно подготовить **доклад** о моём родном городе.

Скажите, пожалуйста, когда принимает **доктор**?

Документ об окончании школы нужен для поступления в университет.

Вчера я посмотрел интересный **документальный** фильм об озере Байкал.

Это **долгий** фильм, он идёт почти 4 часа.

А Б В Г **Д** Е Ё Ж З И Й К Л М Н О

до́лго	오랫동안	나는 오늘 아주 오래 일을 해서 매우 피곤하다.
до́лжен должна́, должны́ + инф	해야 한다	여권을 잃어버렸다면 경찰서로 가야 한다.
дом [복 дома́]	집	나의 부모님은 교외에 집을 샀다.
до́ма	집에서	어제 나는 몸이 안 좋아서 하루 종일 집에 있었다.
дома́шний -яя, -ее, -ие	집의, 집에서 만든	당신은 애완동물을 좋아합니까?
домо́й	집으로	일이 끝나고 나는 보통 집으로 바로 간다.
домохозя́йка [복생 домохозя́ек]	주부	예전에 나의 엄마는 판매원으로 일했지만 지금은 주부이다.
доро́га	길	조심하세요! 길이 미끄러워요.
до́рого	비싸게, 비싸다	나는 내 여자 친구를 비싼 식당으로 초대했다.
дорого́й¹ -ая, -ое, -ие [비교급 доро́же]	비싼	이 레스토랑은 조금 비싸지만 여기 음식이 더 맛있다.

П Р С Т У Ф Х Ц Ч Ш Щ Ъ Ы Ь Э Ю Я

Я очень устал, потому что очень **долго** работал сегодня.

Если ты потерял свой паспорт, ты **должен** пойти в полицию.

Мои родители купили себе **дом** в пригороде.

Вчера я плохо себя чувствовал и весь день был **дома**.

Вы любите **домашних** животных?

После работы я обычно сразу иду **домой**.

Раньше моя мама работала продавцом, а сейчас она – **домохозяйка**.

Осторожно! **Дорога** скользкая!

Я пригласил свою девушку в **дорогой** ресторан.

В этом ресторане немного **дороже**, но и еда здесь вкуснее.

А Б В Г **Д** Е Ё Ж З И Й К Л М Н О

дорого́й² -а́я, -о́е, -и́е	소중한, 친애하는	안녕하세요, 친애하는 안나 뻬뜨로 브나 씨!
До свида́ния!		안녕히 가세요(계세요)!
доска́	칠판	첫 수업에서 선생님은 러시아어 알파 벳을 칠판에 적었다.
доста́точно	충분하게, 충분하다	나는 가게에서 본 드레스를 사고 싶 었지만 돈이 충분하지 않았다.
достига́ть НСВ I дости́гнуть* СВ + чего(2)	다다르다, 이르다, 달성하다	목표를 이루고 싶으면 너는 아주 많 이 배워야 한다.
достиже́ние	도달, 달성, 성과	기자들은 유명한 스포츠 선수에게 자 신의 성과에 대해 이야기해 달라고 부 탁했다.
доходи́ть НСВ (дохожу́, -о́дишь) дойти́* СВ + до кого-чего(2)	(걸어서 목적지까지) 가다	지하철역까지 다 가면 나에게 전화 해.
до́чка (구어체) [복생 до́чек]	딸	리자는 얼마 전에 딸을 낳아서 지금 은 일을 하지 않는다.

П Р С Т У Ф Х Ц Ч Ш Щ Ъ Ы Ь Э Ю Я

Здравствуйте, **дорогая** Анна Петровна!

На первом уроке учитель писал русский алфавит на **доске**.

Я очень хотела купить платье, которое я увидела в магазине, но у меня было **недостаточно** денег.

Если ты хочешь **достигнуть** своей цели, ты должен очень много учиться.

*достигнуть (дости́гну, -и́гнешь; 🆗 дости́г, дости́гла, дости́гли)

Журналисты попросили известного спортсмена рассказать о своих **достижениях**.

Когда **дойдёшь** до станции метро, позвони мне.

*дойти́ (дойду́, -йдёшь; 🆗 дошёл, дошла́, дошли́)

Лиза сейчас не работает, потому что недавно у неё родилась **дочка**.

А Б В Г **Д** Е Ё Ж З И Й К Л М Н О

дочь **여** [단생 до́чери]	딸	예브게니 뻬뜨로비치 씨, 인사하세요. 이쪽은 내 큰딸 스베뜰라나입니다.
дре́вний -яя, -ее, -ие	옛날의, 오래된	한국은 아주 흥미롭고 오랜 역사를 가지고 있다.
друг [복 друзья́]	친구	나는 항상 내 친구들을 도울 준비가 되어 있다.
друго́й -а́я, -о́е, -и́е	다른	만약 이 샐러드가 마음에 안 들면 다른 것을 주문해.
дру́жба **단수만**	우정	아르뚜르와의 우정은 벌써 10년이다.
дру́жеский -ая, -ое, -ие	우의적인, 다정한, 친근한	축제는 따뜻하고 우호적인 분위기 속에서 치러졌다.
дружи́ть **НСВ** II	사귀다, 우정을 나누다	나는 어린 시절부터 세르게이와 우정을 나누고 있다.
дру́жный -ая, -ое, -ые	친한, 사이좋은	나의 가족은 아주 화목하다.
ду́мать **НСВ** I поду́мать **СВ** I + о ком-чём(6)	생각하다	나는 모든 것에 이유가 있다고 생각한다.

П Р С Т У Ф Х Ц Ч Ш Щ Ъ Ы Ь Э Ю Я

Евгений Петрович, познакомьтесь, это Светлана, моя старшая **дочь**.

У Кореи очень интересная **древняя** история.

Я всегда готов помогать своим **друзьям**.

Если тебе не нравиться этот салат, закажи **другой**.

Нашей **дружбе** с Артуром уже 10 лет.

Праздник прошёл в теплой и **дружеской** атмосфере.

Я **дружу** с Сергеем с детства.

Моя семья очень **дружная**.

Я **думаю**, что на всё есть своя причина.

А Б В Г **Д** Е Ё Ж З И Й К Л М Н О

душ	샤워	까쟈는 지금 전화를 받을 수 없다. 그녀는 샤워 중이다.
душа́	마음, 영혼	우리 선생님은 매우 선량하고 넓은 마음을 가졌다.
дыша́ть **НСВ** (дышу́, ды́шишь)	숨 쉬다	바깥은 아주 더워서 나는 숨쉬기가 힘들었다.
дя́дя 남	삼촌	나의 삼촌 이름은 스쩨빤이다.

П Р С Т У Ф Х Ц Ч Ш Щ Ъ Ы Ь Э Ю Я

Катя не может сейчас подойти к телефону – она в **душе**.

У нашего преподавателя очень добрая и большая **душа**.

На улице было очень жарко, поэтому мне было тяжело **дышать**.

Моего **дядю** зовут Степан.

Ё

европе́йский -ая, -ое, -ие	유럽의	유럽 국가들은 매우 크지는 않다.
его́, её	그의, 그녀의	나에게 그의 가족에 대해 이야기해 줘.
еда́ 단수만	음식	너는 음식 중에서 어떤 것을 가장 좋아하니?
еди́нственный -ая, -ое, -ые	유일한	아나똘리는 외아들이다.
еди́ный -ая, -ое, -ые	단일의, 통일된	이 건물들은 하나의 단지를 이루고 있다.
ежего́дно	매년	매년 러시아 대통령은 텔레비전으로 국민들과 소통한다.
ежего́дный -ая, -ое, -ые	매년의	나는 이번 주 토요일에 친구들과 매년 열리는 꽃 축제에 갈 것이다.
ежедне́вно	매일	사람은 매일 다양한 물건을 아주 많이 사용한다.
ежедне́вный -ая, -ое, -ые	매일의	매일 아침 나는 일간 신문 «노보스찌»를 산다.

Европейские страны не очень большие.

Расскажи мне о **его** семье.

Что ты любишь больше всего из **еды**?

Анатолий – **единственный** ребёнок в семье.

Эти здания составляют **единый** комплекс.

Ежегодно президент России общается с гражданами страны по телевидению.

В эту субботу мы с друзьями поедем на **ежегодный** фестиваль цветов.

Ежедневно человек использует очень много разных вещей.

Каждое утро я покупаю **ежедневную** газету «Новости».

А Б В Г Д **Е** Ё Ж З И Й К Л М Н О

е́здить НСВ (е́зжу, е́здишь) + куда(4) + откуда(2)	(교통수단을 이용해) 다니다	지난 여름 나는 모스끄바에 다녀왔다.
е́сли	만약	이 방이 마음에 들지 않으면 다른 방을 찾아 드리겠습니다.
есте́ственный -ая, -ое, -ые	자연의, 천연의; 당연한, 마땅한	학교 때 나는 자연과학을 가장 좋아했다.
есть¹	있다	나에게는 형제가 있다.
есть²* НСВ пое́сть** СВ съесть*** СВ + что(4)	먹다	나는 결코 패스트푸드를 먹지 않는다. 왜냐하면 건강에 매우 해롭기 때문이다.
е́хать НСВ (е́ду, е́дешь) + куда(4) + откуда(2)	(교통수단을 이용해) 가다	출근할 때 전철에서 나는 내 친구를 만났다.
ещё	아직, 더	나는 아직 이 연습문제를 끝내지 못했습니다. 10분만 더 주십시오.
ёлка [복생] ёлок	크리스마스 트리	우리 가족은 새해에 항상 트리를 세운다.

П Р С Т У Ф Х Ц Ч Ш Щ Ъ Ы Ь Э Ю Я

Прошлым летом я **ездил** в Москву.

Если вам не нравится этот номер, мы вам найдём другой.

В школе я больше всего любил **естественные** науки.

У меня **есть** брат.

Я никогда не **ем** фаст-фуд, так как это очень вредно для здоровья.

*есть (ем, ешь, ест, еди́м, еди́те, едя́т; 🔁 ел, е́ла, е́ли)
**пое́сть (пое́м, пое́шь, пое́ст, поеди́м, поеди́те, поедя́т)
***съесть (съем, съешь, съест, съеди́м, съеди́те, съедя́т)

Я встретил своего друга в метро, когда **ехал** на работу.

Я **ещё** не закончил делать это упражнение, дайте мне ещё 10 минут.

Моя семья всегда ставит **ёлку** дома на Новый год.

жа́лко	안타깝게, 안타깝다	나는 그가 너무 가여워.
жаль	아쉽다, 유감스럽다	– 올렉, 미안하지만 나는 네 생일에 갈 수가 없어. – 내 친구들 모두가 같이 보려고 했는데, 너무 아쉽다.
жа́реный -ая, -ое, -ые	구운	– 오늘 저녁 뭐 먹을래? – 나는 생선구이와 밥을 먹고 싶어.
жа́рить НСВ II пожа́рить СВ II + что(4)	굽다	점심에 감자와 고기를 구워 먹자.
жа́рко	덥다	여름에 서울은 아주 덥다.
ждать НСВ (жду, ждёшь) подожда́ть СВ + кого-что(4) 혹은 кого-чего(2)	기다리다	잠깐만 기다려 줘. 나 금방 끝나.
же	(앞의 단어를 강조) 글쎄, 도대체, 정말로	내가 시험을 망쳤다는 것을 믿을 수가 없어. 나는 정말 주말 내내 새로운 단어들을 외웠는데.

Мне его так **жалко**!

– Олег, извини, но я не смогу прийти на твой день рождения.
– Очень **жаль**, я очень хотел увидеть всех моих друзей вместе.

– Что ты хочешь сегодня на ужин?
– Я хочу **жареную** рыбу и рис.

Давай **пожарим** на обед картошку с мясом.

Летом в Сеуле очень **жарко**.

Подожди меня, пожалуйста, я уже скоро закончу.

Я не могу поверить, что я плохо написал тест. Я **же** учил новые слова все выходные.

А Б В Г Д Е Ё **Ж** З И Й К Л М Н О

желание	소망, 소원	어제 나는 최신 러시아 영화 «소망»을 보았다.
жела́ть НСВ I пожела́ть СВ I + кому́(3) + чего́(2) 혹은 инф	소망하다, 바라다	나는 네가 건강과 많은 돈, 그리고 큰 성공을 거두기를 바란다.
желе́зный -ая, -ое, -ые	철의, 철로 만든	내가 어렸을 때 철도는 내가 가장 좋아하는 장난감이었다.
желу́док [단생 желу́дка]	위장	내 생각에 나는 무언가 안 좋은 것을 먹은 것 같아. 왜냐하면 배가 심하게 아프거든.
жена́	아내, 부인	그녀는 현모양처였다.
жена́т 형단 жена́ты	(남자에 대해) 기혼이다	나는 거의 30살이지만 아직 결혼을 하지 않았다.
жени́ться НСВ СВ II (женю́сь, -е́нишься) + на ком(6)	결혼하다, 장가가다	나의 형은 자신의 여자 친구 따냐와 곧 결혼한다.
жени́х	신랑	신랑은 검은색 양복을 입었고, 신부는 아름다운 흰 드레스를 입었다.

П Р С Т У Ф Х Ц Ч Ш Щ Ъ Ы Ь Э Ю Я

Вчера я посмотрел новый русский фильм «**Желание**».

Я **желаю** тебе хорошего здоровья, много денег и большого успеха.

Когда я был маленьким, моей любимой игрушкой была **железная** дорога.

Мне кажется, я съел что-то плохое, потому что у меня очень сильно болит **желудок**.

Она была хорошей **женой** и доброй матерью.

Мне уже почти 30 лет, но я ещё не **женат**.

Мой брат скоро **женится** на своей подруге Тане.

Жених был в чёрном костюме, а невеста в красивом белом платье.

же́нский -ая, -ое, -ие	여자의, 여성의	카페는 여성복 매장 근처에 있다.
же́нщина	여성, 여자	러시아에서 보통 여자들은 경찰로 일하지 않는다.
жесто́кий -ая, -ое, -ие	잔인한	모든 사람이 이반 그로즈느이가 매우 잔인한 왕이었다는 것을 안다.
жёлтый -ая, -ое, -ые	노란	나의 엄마가 좋아하는 꽃은 노란 장미이다.
жив 형단 -а, -о, -ы	살아 있다	내가 병원에 도착했을 때 그는 아직 살아 있었다.
живо́й -ая, -ое, -ые	살아 있는	이 레스토랑에서는 매일 저녁 라이브 음악을 연주한다.
жи́вопись 여 단수만	그림, 회화	나의 여동생은 그림에 빠져 있다.
живо́т	배, 복부	배가 아프다.
живо́тное 명	동물	네가 가장 좋아하는 동물은 무엇이니?
жизнь 여	생활, 삶	나는 평생 작은 도시에서 살았다.

П Р С Т У Ф Х Ц Ч Ш Щ Ъ Ы Ь Э Ю Я

Кафе находится около магазина **женской** одежды.

В России обычно **женщины** не работают полицейскими.

Все знают, что Иван Грозный был очень **жестоким** царём.

Любимые цветы моей мамы – **жёлтые** розы.

Когда я приехал в больницу, он был ещё **жив**.

В этом ресторане каждый вечер играют **живую** музыку.

Моя сестра увлекается **живописью**.

У меня болит **живот**.

Какое твоё любимое **животное**?

Всю свою **жизнь** я жил в маленьком городе.

А Б В Г Д Е Ё Ж З И Й К Л М Н О

жи́тель 😀	시민, 주민	우리 도시 주민들은 매우 선량하고 친절한 사람들이다.
ЖИТЬ НСВ (*живу́, -вёшь*) + где(6) 혹은 у кого(2)	살다, 거주하다	나는 모스끄바에 갈 때 친구들 집에서 지낸다.
журна́л	잡지	잡지에서 나는 현대미술에 대한 흥미로운 기사를 읽었다.
журнали́ст	기자	파티에서 나는 정치 관련 글을 쓰는 기자와 알게 되었다.

П Р С Т У Ф Х Ц Ч Ш Щ Ъ Ы Ь Э Ю Я

Жители моего города очень добрые и приветливые люди.

Когда я приезжаю в Москву, я **живу** у моих друзей.

В **журнале** я прочитал интересную статью о современной живописи.

На вечере я познакомился с **журналистом**, который пишет о политике.

З

za 1) za что(4) 2) za сколько времени(4) 3) za чем(5) (где) 4) za чем(5)	1) ~에 대하여 2) ~동안 3) ~뒤에 4) ~하러	도와주셔서 감사합니다. 나는 며칠 만에 새 추리소설을 다 읽었다. 카페는 이 은행 뒤에 있다. 빵을 사러 가게에 다녀와야 한다.
забо́титься НСВ (забо́чусь, -о́тишься) + о ком(6)	돌보다, (누구에 대해) 신경 쓰다	부모들은 자신의 아이들을 돌보아야 한다.
забыва́ть НСВ I забы́ть СВ (забу́ду, -бу́дешь) + кого-что(4)	잊다, 잊어버리다	나는 강의실에 다시 가야 해. 내 우산을 거기다 두고 왔어.
зави́сеть НСВ (зави́шу, -ви́сишь) + от кого-чего(2)	달려 있다	– 너 내일 파티에 갈 거니? – 그건 내가 일을 마칠 수 있느냐에 달려 있어.
заво́д	공장	나의 아버지는 이 공장에서 거의 20년간 일했다.
за́втра	내일	오늘은 이미 늦었기 때문에 나는 내일 이 텍스트를 다 읽을 것이다.

1) Спасибо **за** помощь.
2) Я прочитал новый детектив **за** несколько дней.
3) Кафе находится **за** этим банком.
4) Мне нужно сходить в магазин **за** хлебом.

Родители должны **заботиться** о своих детях.

Мне нужно вернуться в аудиторию, я **забыл** там свой зонт.

– Ты пойдёшь завтра на вечеринку?
– Это **зависит** от того, закончу ли я работу.

Мой отец работал на этом **заводе** почти 20 лет.

Сегодня уже поздно, поэтому я прочитаю этот текст **завтра**.

А Б В Г Д Е Ё Ж З И Й К Л М Н О

за́втрак	아침 식사	아침으로 러시아 사람들은 보통 차를 마시고 샌드위치를 먹는다.
за́втракать НСВ I поза́втракать СВ I	아침 식사하다	나는 회사 근처의 크지 않고, 편안한 카페에서 아침 먹는 것을 좋아한다.
зага́дка [복생 зага́док]	수수께끼, 퀴즈	이 세상에는 아직도 많은 비밀과 수수께끼가 있다.
загора́ть НСВ I загоре́ть СВ II	일광욕하다	여름에 나는 바다에서 수영과 일광욕을 많이 했다.
задава́ть НСВ (зада*ю́*, -*даёшь*) зада́ть* СВ + что(4)	제시하다	선생님은 시험에서 나에게 아주 어려운 문제를 냈다.
зада́ние	숙제, 임무	집에서 여러분은 12페이지 5번 문제를 풀어야 합니다.
зада́ча	문제, 임무	도서관에서 나는 수학 문제집을 빌렸다.
зака́зывать НСВ I заказа́ть СВ (зака*жу́*, -*ка́жешь*) + что(4)	주문하다	나는 새 드레스를 인터넷에서 주문했다.

П Р С Т У Ф Х Ц Ч Ш Щ Ъ Ы Ь Э Ю Я

На **завтрак** русские обычно пьют чай и едят бутерброды.

Я люблю **завтракать** в небольшом уютном кафе около моей работы.

В нашем мире есть ещё много тайн и **загадок**.

Летом на море я много плавал и **загорал**.

Преподаватель на экзамене **задал** мне очень сложный вопрос.

*задáть (задáм, -дáшь, -дáст, -дадúм, -дадúте, -дадýт)

Дома вам нужно сделать **задание** 5 на странице 12.

В библиотеке я взял сборник математических **задач**.

В интернете я **заказала** себе новое платье.

зака́нчивать НСВ I зако́нчить СВ II + что(4)	마치다, 끝내다	너는 어느 학교를 졸업했니?
зака́нчиваться НСВ I зако́нчиться СВ II	끝나다	콘서트는 20분 후에 끝난다.
зако́н	법, 법률	거의 모든 나라에 광고에 관한 법이 있다.
закрича́ть СВ (закричу́, -чи́шь)	소리지르기 시작하다	소녀는 큰 개를 보고 크게 소리쳤다.
закрыва́ть НСВ I закры́ть СВ (закро́ю, -ро́ешь) + что(4)	닫다	집에서 나갈 때 반드시 모든 창문을 닫아라.
закрыва́ться НСВ I закры́ться* СВ	닫히다	가게는 7시에 문을 닫는다.
закры́т 형단 -а, -о, -ы	닫혀 있다	나는 저녁 찬거리를 사려고 했지만 가게가 문을 닫았다.

П Р С Т У Ф Х Ц Ч Ш Щ Ъ Ы Ь Э Ю Я

Какой университет ты **закончил**?

Концерт **закончится** через 20 минут.

Почти во всех странах есть **закон** о рекламе.

Девочка увидела большую собаку и громко **закричала**.

Обязательно **закрой** все окна, когда будешь уходить из дома.

Магазин **закрывается** в 7 часов.

*закрыться (закро́юсь, -ро́ешься)

Я хотел купить продукты на ужин, но магазин был **закрыт**.

А Б В Г Д Е Ё Ж З И Й К Л М Н О

закури́ть CB II	담배 피우기 시작하다	나는 몹시 흥분해서 담배를 피웠다.
заку́ска [복생 заку́сок]	전체, 안주	한국에서는 메인 요리에 많은 다양한 반찬들을 준다.
зал	홀	우리가 극장 상영관으로 들어갔을 때 영화는 이미 시작했다.
заменя́ть HCB I замени́ть CB II + кого́-что(4)	대신하다, 대리로 임무를 맡다	이 단어를 동의어로 바꾸세요.
замеча́тельный -ая, -ое, -ые	대단한, 엄청난	오늘 밖에는 날씨가 매우 좋다.
замеча́ть HCB I заме́тить CB (заме́чу, -е́тишь) + кого́-что(4)	눈치채다, 깨닫다	– 어제 너는 왜 (대)학교에서 나랑 인사를 안 했니? – 미안해, 너를 못 봤어.
замолча́ть CB (замолчу́, -чи́шь)	조용히 하다	선생님이 교실로 들어오자 모든 학생들이 조용히 했다.
за́муж* 🖐 + за кого́(4)	(여자에 대해) 결혼해서	이리나는 나의 좋은 친구 세르게이에게 시집갔다.

П Р С Т У Ф Х Ц Ч Ш Щ Ъ Ы Ь Э Ю Я

Я очень волновался, и поэтому **закурил**.

В Корее к основному блюду приносят ещё много разных **закусок**.

Когда мы вошли в **зал** кинотеатра, фильм уже начался.

Замените это слово синонимом.

Сегодня на улице **замечательная** погода.

– Почему ты вчера не поздоровался со мной в университете?
– Извини, я тебя не **заметил**.

Когда преподаватель вошёл в класс, все студенты **замолчали**.

Ирина вышла **замуж** за моего хорошего друга Сергея.

*단독으로 사용되지 않으며, 주로 동사 выйти, выдать 등과 함께 사용된다.

А Б В Г Д Е Ё Ж З И Й К Л М Н О

за́мужем	(여성에 대해) 기혼이다	내 딸은 벌써 28살이지만 아직 결혼하지 않았다.
занима́ть НСВ I заня́ть СВ (займу́, займёшь) + что(4)	빌리다, 점유하다	알렉세이는 지금 돈이 하나도 없어서 조금만 빌려 달라고 부탁했다.
занима́ться НСВ I 1) + чем(5) 2) + где(6)	1) 하다, 관심을 기울이다 2) 공부하다	나는 내 아들이 축구를 하기를 원한다. 나는 곧 시험이 있어서 매일 도서관에서 공부한다.
за́нят 영단 -á, -о, -ы	바쁘다, 임자가 있다	미안하지만 내일 너랑 영화 보러 못 가. 나는 내일 바빠.
заня́тие	수업	체육 수업은 우리를 튼튼하고 건강하게 만들어 준다.
за́пад 단수만	서쪽	당신 나라의 서쪽에는 어떤 도시들이 있습니까?
за́падный -ая, -ое, -ые	서쪽의	러시아는 서방 국가들과 복잡한 관계에 놓여 있다.
запи́ска [복생 запи́сок]	쪽지, 메모	아침에 엄마는 탁자에 아들을 위해 메모를 남겨 두었다.

Моей дочери уже 28 лет, но она ещё не **замужем**.

У Алексея сейчас совсем нет денег, и он попросил **занять** ему немного.

1) Я хочу, чтобы мой сын **занимался** футболом.
2) У меня скоро экзамен, поэтому каждый день я **занимаюсь** в библиотеке.

Извини, но я не смогу пойти с тобой в кино завтра: я буду **занят**.

Занятия спортом помогают нам быть сильными и здоровыми.

Какие города находятся на **западе** вашей страны?

У России сложные отношения с **западными** странами.

Утром мама оставила для сына **записку** на столе.

запи́сывать **НСВ** I записа́ть **СВ** (запишу́, -ти́шешь) + что(4)	기록하다, 등록하다	전화번호를 말해 줘. 내가 메모할게.
запла́кать **СВ** (запла́чу, -а́чешь)	울다, 울음을 터뜨리다	어린아이가 넘어져서 울음을 터뜨렸다.
запомина́ть **НСВ** I запо́мнить **СВ** II + кого-что(4)	외우다, 기억하다	이렇게 긴 단어들을 바로 외우지는 못한다.
запреща́ть **НСВ** II запрети́ть **СВ** (запрещу́, -ети́шь) + кому(3) + инф	금지하다, 못하게 하다	부모님은 나에게 나이트클럽을 가지 말라고 한다.
зарпла́та	급여, 임금	너는 급여와 좋아하는 일 중에 뭐가 더 중요해?
зарубе́жный -ая, -ое, -ые	외국의	나는 외국 대학에서 공부하는 것을 꿈꾼다.

П Р С Т У Ф Х Ц Ч Ш Щ Ъ Ы Ь Э Ю Я

Скажи мне свой номер телефона, я **запишу** его.

Маленький ребёнок упал и **заплакал**.

Я не могу сразу **запомнить** такие длинные слова.

Родители **запрещают** мне ходить в ночной клуб.

Что для тебя важнее, **зарплата** или любимая работа?

Я мечтаю учиться в **зарубежном** вузе.

А Б В Г Д Е Ё Ж **З** И Й К Л М Н О

засмея́ться св (засме*ю́сь*, *-еёшься*)	웃다, 웃음을 터뜨리다	우리는 그의 이야기를 듣고 웃음을 터뜨렸다.
зате́м	다음으로, 그 다음에	먼저 우리는 영화를 보았고, 그 다음에 좋은 레스토랑에서 저녁을 먹었다.
заходи́ть НСВ (*захожу́, -хо́дишь*) **зайти́* СВ** **+ куда(4)**	(걸어서) 들르다	이 가게에 들르자. 나는 새 청바지를 사고 싶어.
захоте́ть СВ (*захочу́, -хо́чешь*) **+ инф**	원하다	가게에서 나는 새로운 휴대폰을 보고 그것이 매우 사고 싶어졌다.
заче́м	왜, 어떤 목적으로	당신은 왜 러시아어를 배웁니까?
зачёт	시험	내일 나는 물리 시험이 있다.
защища́ть НСВ I **защити́ть* СВ** **+ кого-что(4)**	보호하다, 지키다	전쟁 중에 그들은 적들로부터 도시를 지켰다.
заявле́ние	신고(서), 성명(서)	장학금을 받기 위해서는 신청서를 작성해야 합니다.

П Р С Т У Ф Х Ц Ч Ш Щ Ъ Ы Ь Э Ю Я

Когда он закончил свой рассказ, мы **засмеялись**.

Сначала мы посмотрели фильм, а **затем** поужинали в хорошем ресторане.

Давай **заидём** в этот магазин, я хочу купить новые джинсы.

*зайти (*зайду́, -йдёшь*; 🔲 зашёл, зашла́, зашли́)

В магазине я увидел новый телефон и очень **захотел** купить его.

Зачем вы учите русский язык?

У меня завтра **зачёт** по физике.

Во время войны они **защищали** город от врага.

*защити́ть (*защищу́, -щити́шь*)

Чтобы получить стипендию, вам нужно написать **заявление**.

А Б В Г Д Е Ё Ж **З** И Й К Л М Н О

за́яц [단생 за́йца]	산토끼	동물원에는 많은 동물들이 있었지만 나의 어린 아들은 토끼를 가장 마음에 들어 했다.
звать¹ **НСВ**만 I	(이름 또는 성을) 부르다	그의 이름은 안드레이다.
звать² **НСВ** (зову́, зовёшь) позва́ть² **СВ** + кого́(4)	부르다, 초대하다	어제 나의 절친한 친구가 전화해서 함께 근교로 가자고 했다.
звезда́ [복 звёзды]	별	밤에 나는 별 보는 것을 좋아한다.
зверь 남	짐승	이 숲에는 무서운 동물들이 많이 산다.
звони́ть **НСВ** II позвони́ть **СВ** II + кому́(3)	전화하다, 벨을 누르다	오늘 저녁에 나에게 전화해 줘.
звоно́к [단생 звонка́] [복 звонки́]	전화, 벨	나는 목욕탕에 있어서 네 전화벨 소리를 못 들었어.
звук	소리	나는 갑자기 이상한 소리를 들었다.
зда́ние	건물	도서관은 이 건물에 있다.

| П | Р | С | Т | У | Ф | Х | Ц | Ч | Ш | Щ | Ъ | Ы | Ь | Э | Ю | Я |

В зоопарке было много зверей, но моему маленькому сыну больше всего понравились **зайцы**.

Его **зовут** Андрей.

Мне вчера позвонил мой лучший друг и **позвал** меня поехать с ним за город.

Ночью я люблю смотреть на **звёзды**.

В этом лесу живёт много страшных **зверей**.

Позвони мне, пожалуйста, сегодня вечером.

Я был в ванной, и поэтому не услышал твой **звонок**.

Я вдруг услышал странный **звук**.

Библиотека находится в этом **здании**.

А Б В Г Д Е Ё Ж **З** И Й К Л М Н О

здесь	여기	여기에서 널 기다릴게.
здоро́в **형단** -а, -о, -ы	건강하다	지난주에 나는 많이 아팠지만 지금은 건강하다.
здоро́ваться **НСВ** I поздоро́ваться **СВ** I + с кем(5)	인사하다	그녀는 한 번도 나에게 인사하지 않는다.
здоро́вый -ая, -ое, -ые	건강한	나는 건강한 사람이라 잘 안 아프다.
здоро́вье **단수만**	건강	담배를 피는 것은 건강에 매우 해롭다.
здра́вствуй(те)	안녕! (안녕하세요!)	
зелёный -ая, -ое, -ые	녹색의, 초록의	서울은 녹색(친환경) 도시이다.
землетрясе́ние	지진	일본에는 지진이 자주 일어난다.
земля́	땅, 흙, 지구	나는 고개를 떨구어 땅에 100루블이 떨어져 있는 것을 보았다.

| П Р С Т У Ф Х Ц Ч Ш Щ Ъ Ы Ь Э Ю Я |

Я буду ждать тебя **здесь**.

На прошлой неделе я сильно болел, но сейчас я **здоров**.

Она никогда не **здоровается** со мной.

Я – **здоровый** человек, поэтому я очень редко болею.

Курить – очень вредно для нашего **здоровья**.

Сеул – очень **зелёный** город.

В Японии часто бывают **землетрясения**.

Я опустил голову и увидел, что на **земле** лежало 100 рублей.

А Б В Г Д Е Ё Ж **З** И Й К Л М Н О

зе́ркало	거울	모든 아가씨들은 거울 보는 것을 좋아한다.
зима́	겨울	러시아의 겨울은 매우 춥다.
зи́мний -яя, -ее, -ие	겨울의	네가 겨울에 러시아에 가기를 원한다면, 너는 겨울옷을 가져야 한다.
зимо́й	겨울에	겨울에 서울에는 보통 눈이 적게 온다.
злой -ая, -ое, -ые	악한	«до́брый»의 반대말은 «злой»이다.
знак	상징, 표시, 기호	푯말 보입니까? 여기서는 금연입니다.
знако́м 단단 -а, -о, -ы	아는 사이이다, 친숙하다	너 내 가장 좋은 친구와 아는 사이니?
знако́мить **НСВ** (знако́млю, -мишь) познако́мить **СВ** + кого́(4) + с кем(5)	소개하다	나는 나의 부모님에게 너를 소개하고 싶다.
знако́миться* **НСВ** по- **СВ** + с кем-чем(5)	알게 되다, 인사하다	어제 나는 클럽에서 아주 매력적인 아가씨와 알게 되었다.

П Р С Т У Ф Х Ц Ч Ш Щ Ъ Ы Ь Э Ю Я

Все девушки любят смотреть в **зеркало**.

Зима в России очень холодная.

Если ты хочешь поехать в Россию зимой, тебе нужно взять **зимнюю** одежду.

Зимой в Сеуле обычно мало снега.

Антоним слова «добрый» – слово «**злой**».

Видишь **знак**? Здесь нельзя курить!

Ты **знаком** с моим лучшим другом?

Я хочу **познакомить** тебя с моими родителями.

Вчера в клубе я **познакомился** с очень симпатичной девушкой.

*знако́миться (знако́млюсь, -мишься)

А Б В Г Д Е Ё Ж З И Й К Л М Н О

знако́мый -ая, -ое, -ые	명 친분이 있는, 아는 사이의 명 아는 사람, 지인	오늘 저녁에 나는 지인 한 명과 저녁을 먹을 것이다.
знамени́тый -ая, -ое, -ые	유명한	«까라마조프 가의 형제들»은 도스또옙스끼의 유명한 소설이다.
зна́ние	지식, 앎	지식이 힘이다.
знать НСВ I + кого-что(4)	알다	너 이 새 여대생을 아니?
значе́ние	의미	이 단어는 여러 가지 의미가 있다.
зна́чить	의미하다	이 단어는 무엇을 뜻합니까?
зо́лото 단수만	금	금은 매우 값진 금속이다.
золото́й -ая, -ое, -ые	금의, 금으로 만든	나는 예쁜 금반지를 꿈꾼다.
зонт; зо́нтик	우산	오늘 밖에는 비가 오는데 나는 우산을 집에 두고 왔다.
зоопа́рк	동물원	나는 아들과 토요일에 동물원에 가기로 약속했다.

П Р С Т У Ф Х Ц Ч Ш Щ Ъ Ы Ь Э Ю Я

Сегодня вечером я буду ужинать с одним своим **знакомым**.

«Братья Карамазовы» – это **знаменитый** роман Ф.М. Достоевского.

Знание – сила.

Ты **знаешь** эту новую студентку?

У этого слова несколько **значений**.

Что **значит** это слово?

Золото – очень дорогой металл.

Я мечтаю о красивом **золотом** кольце.

Сегодня на улице дождь, а я забыл **зонтик** дома.

Я обещал сыну сходить с ним в **зоопарк** в субботу.

А Б В Г Д Е Ё Ж И Й К Л М Н О

зри́тель 남	관객	이곳에 청소년 극장이 있다.
зуб	이, 치아	보통 사람들은 32개의 치아를 가지고 있다.
зубно́й -ая, -ое, -ые	치아의, 치과의	까쨔, 나에게 새 칫솔을 사 줘.

П Р С Т У Ф Х Ц Ч Ш Щ Ъ Ы Ь Э Ю Я

Здесь находится театр для юных **зрителей**.

У обычного человека 32 **зуба**.

Катя, купи мне, пожалуйста, новую **зубную** щётку.

Й

и	그리고, ~와	가게에서 나는 사과와 오렌지를 샀다.
игра́	놀이	넌 컴퓨터 게임을 좋아하니?
игра́ть НСВ I сыгра́ть СВ I **1) во что(4)** **2) на чём(6)**	1) (운동 경기 등)을 하다, 놀다 2) ~을 연주 하다	나의 남동생은 매일 컴퓨터 게임을 한다. 기타 치는 법을 가르쳐 줘.
игру́шка [**복생** игру́шек]	장난감	나의 부모님은 항상 내 어린 여동생에게 장난감을 사 주신다.
иде́я	생각, 사상	나한테 좋은 생각이 있어. 주말에 다 같이 바다에 가자.
идти́* НСВ пойти́** СВ + куда(4)/откуда(2) 1) идти́ домо́й 2) авто́бус идёт 3) вре́мя идёт 4) дождь идёт 5) фильм идёт	1) 걸어 가다 2) 버스가 가다 3) 시간이 가다 4) 비가 오다 5) (영화 등이) 상영되다	지금 나는 직장에 걸어간다. 우리 집에서 대학교까지 버스로 20분이 걸린다. 수업 시간에는 보통 시간이 천천히 간다. 밖에 비가 올 때 나는 집에 앉아 책 읽는 것을 좋아한다. 요즘 영화관에 뭐 좀 재미있는 영화 있니?

В магазине я купил яблоки **и** апельсины.

Ты любишь компьютерные **игры**?

1) Мой младший брат каждый день **играет** в компьютерные игры.
2) Научи меня **играть** на гитаре.

Мои родители всегда покупают **игрушки** моей маленькой сестре.

У меня есть замечательная **идея**: давайте на выходных все вместе поедем на море.

1) Сейчас я **иду** на работу.
2) От моего дома до университета **автобус идёт** 20 минут.
3) Обычно на уроке **время идёт** очень медленно.
4) Когда на улице **идёт дождь**, я люблю сидеть дома и читать книги.
5) Ты не знаешь, сейчас в кинотеатре **идёт** какой-нибудь интересный фильм?

*идти́ (иду́, идёшь; 🅿 шёл, шла́, шли́)
**пойти́ (пойду́, -йдёшь; 🅿 пошёл, пошла́, пошли́)

А Б В Г Д Е Ё Ж З И Й К Л М Н О

из + кого-чего(2)	~에서, ~로부터	나는 러시아에서 왔다.
из-за + кого-чего(2)	~때문에	그의 방문은 악천후로 인해 성사되지 못했다.
изве́стно	유명하다	유리 가가린이 첫 우주비행사였다는 것은 모두에게 알려져 있다.
изве́стный -ая, -ое, -ые	유명한	알라 뿌가쵸바는 유명한 러시아 가수이다.
извини́(те)	미안합니다, 죄송합니다	죄송하지만 지금 몇 시인지 말씀해 주시겠습니까?
изменя́ть НСВ I измени́ть СВ II + что(4)	바꾸다, 변화시키다	문장을 예시와 같이 바꾸세요.
изменя́ться НСВ I измени́ться СВ II	바뀌다	어제 나는 몇 년 동안 못 봤던 친구를 만났다. 그는 아주 많이 변했다.
изобража́ть НСВ I изобрази́ть СВ (изобра*жу́*, -*ази́шь*) + кого-что(4)	묘사하다, 표현하다	내가 동물을 표현할 테니 당신은 내가 무엇을 보여 주는지 말해 보세요.

П Р С Т У Ф Х Ц Ч Ш Щ Ъ Ы Ь Э Ю Я

Я приехал **из** России.

Его визит не состоялся **из-за** плохой погоды.

Всем **известно**, что Юрий Гагарин был первым космонавтом.

Алла Пугачёва – **известная** российская певица.

Извините, вы не скажете, который сейчас час?

Измените предложения по модели.

Вчера я встретил своего друга, которого не видел много лет. Он очень сильно **изменился**.

Я буду **изображать** животных, а вы будете говорить, кого я показываю.

| А Б В Г Д Е Ё Ж З И Й К Л М Н О |

изуча́ть НСВ I изучи́ть СВ II + что(4)	배우다, 연구하다	나는 대학에서 물리학을 공부한다.
изуче́ние	연구, 학습	식물학자들은 식물 연구를 한다.
и́ли	아니면, 혹은	주스나 물 마실래?
име́ть НСВ I + что(4)	가지다	100루블을 가지지 말고, 100명의 친구를 가져라.
и́мпорт 단수만	수입	매년 한국에서 러시아로 상품 수입이 늘어나고 있다.
и́мя 중 [단생 и́мени] [복 имена́] [복생 имён]	이름	나는 찌모페이란 이름이 마음에 든다.
инжене́р	엔지니어, 기술자	요즘 엔지니어 직업이 각광받고 있다.
иногда́	가끔, 종종	나는 운동을 좋아하지 않지만 가끔 친구들과 배구를 한다.
иностра́нец [복 иностра́нцы]	외국인	서울에는 외국인이 많다.

П Р С Т У Ф Х Ц Ч Ш Щ Ъ Ы Ь Э Ю Я

Я **изучаю** физику в университете.

Ботаники занимаются **изучением** растений.

Ты будешь сок **или** воду?

Не **имей** сто рублей, а **имей** сто друзей.

Каждый год увеличивается **импорт** товаров из Кореи в Россию.

Мне очень нравится **имя** Тимофей.

Сейчас профессия **инженер** становится всё популярнее.

Я не очень люблю спорт, но **иногда** я играю в волейбол с друзьями.

В Сеуле много **иностранцев**.

А Б В Г Д Е Ё Ж З И Й К Л М Н О

иностра́нка [복생] иностра́нок]	외국인 여자	내 생각에 저 아가씨는 외국인이다.
иностра́нный -ая, -ое, -ые	외국의, 해외의	나는 4개 국어를 배우고 싶다.
институ́т	(단과)대학교	너는 오늘 왜 학교에 안 왔니?
интере́с	흥미, 재미	학생들은 흥미롭게 선생님의 말을 들었다.
интере́сно	재미있게, 재미있다	창조적인 사람들과 일하는 것은 언제나 흥미롭다.
интере́сный -ая, -ое, -ые	재미있는, 흥미로운	모스끄바(에서 온) 교수의 강의는 매우 흥미로웠다.
интересова́ть НСВ I + кого(4)	재미있다, 흥미를 느끼게 하다	나는 음악에 흥미가 있다.
интересова́ться НСВ (интересу́юсь, -су́ешься) + чем(5)	재미있어 하다, 관심을 가지다	나는 어렸을 때부터 그림에 관심이 있다.
информа́ция	정보	너는 인터넷에서 거의 모든 정보를 찾을 수 있다.

П Р С Т У Ф Х Ц Ч Ш Щ Ъ Ы Ь Э Ю Я

Мне кажется, что та девушка – **иностранка**.

Я хочу выучить 4 **иностранных** языка.

Почему тебя сегодня не было в **институте**?

Студенты с **интересом** слушали преподавателя.

Мне всегда **интересно** работать с творческими людьми.

Лекция московского профессора была очень **интересной**.

Меня **интересует** музыка.

Я с детства **интересуюсь** живописью.

В интернете ты можешь найти почти любую **информацию**.

А Б В Г Д Е Ё Ж З И Й К Л М Н О

иска́ть **НСВ** (ищу́, и́щешь) найти́* **СВ** + кого-что(4)	찾다	– 무엇을 찾고 있니? – 여권을 찾는 중이야.
иску́сство	예술	너 예술에 관심이 있니?
интернациона́льный -ая, -ое, -ые	국제적인	나는 국제적인 그룹에서 공부한다.
испа́нец [복 испа́нцы]	스페인 남자	– 라몬의 국적은 어디입니까? – 그는 스페인 사람입니다.
испа́нка	스페인 여자	– 너의 새로운 친구는 외국인이니? – 응. 그녀는 스페인 사람이야.
испа́нский -ая, -ое, -ие	스페인의	빠에야는 쌀로 만든 스페인의 전통 음식이다.
исполня́ться **НСВ** I испо́лниться II (3인칭만)	(꿈이) 이루어지다, 실현되다; (나이가) 되다	토요일은 내 생일이고, 나는 29살이 된다.
испо́льзовать* **НСВ СВ** + что(4)	사용하다, 이용하다	우리는 수업에서 «러시아로 가는 길» 교재를 사용한다.

П Р С Т У Ф Х Ц Ч Ш Щ Ъ Ы Ь Э Ю Я

– Что ты **ищешь**?
– Я **ищу** свой паспорт.

*найти́ (найду́, -йдёшь; 🅟 нашёл, нашла́, нашли́)

Ты интересуешься **искусством**?

Я учусь в **интернациональной** группе.

– Кто Рамон по национальности?
– Он **испанец**.

– Твоя новая подруга иностранка?
– Да, она **испанка**.

Паэлья – традиционное **испанское** блюдо из риса.

В субботу у меня будет день рождения, мне **исполнится** 29 лет.

На уроке мы **используем** учебник «Дорога в Россию».

*испо́льзовать (испо́льзую, -зуешь)

А Б В Г Д Е Ё Ж З И Й К Л М Н О

исправля́ть **НСВ** I испра́вить **СВ** (испра́влю, -вишь) + что(4)	고치다, 수정하다	자신의 글을 다시 쓰고, 거기에 있는 모든 실수를 수정하세요.
иссле́дование	연구, 탐구	나의 아버지는 학자이다. 그는 우주를 연구한다.
иссле́довать* **НСВ СВ** + что(4)	연구하다	생물학자들은 동물과 식물을 연구한다.
исто́рик	역사학자	우리 반에는 새로운 역사학자가 있다.
истори́ческий -ая, -ое, -ие	역사(학)의	나는 역사 소설을 읽는 것을 좋아한다.
исто́рия	역사, 이야기	나는 웃긴 이야기 하는 것을 좋아한다.
ита́к	그래서, 그러면	그럼 수업을 시작합시다.
их	그들의, 그들을	나는 부모님이 많이 그립다. 나는 그들을 아주 오랫동안 보지 못했다.
ию́ль 🔵	7월	보통 한국에는 7월에 비가 많이 온다.
ию́нь 🔵	6월	방학은 6월에 시작된다.

П Р С Т У Ф Х Ц Ч Ш Щ Ъ Ы Ь Э Ю Я

Перепишите своё сочинение и **исправьте** в нём все ошибки.

Мой отец – учёный, он занимается **исследованием** космоса.

Биологи **исследуют** животных и растения.

*иссле́довать (иссле́дую, -дуешь)

В нашем классе новый **историк**.

Я очень люблю читать **исторические** романы.

Я люблю рассказывать смешные **истории**.

Итак, давайте начнём урок.

Я очень скучаю по моим родителям. Я не видел **их** уже очень давно.

Обычно в **июле** в Корее идёт много дождей.

Каникулы начинаются в **июне**.

К

к + кому-чему(3)	~에게로, ~쪽으로	나는 친구들에게 간다.
кабинет	서재, 사무실	의사는 5번 진료실에서 진료한다.
каждый -ая, -ое, -ые	매번의, 매회의	나는 매일 새로운 단어들을 공부한다.
казаться НСВ I показаться СВ I	~인 듯하다, ~로 보이다	내 생각에 나는 이 사람을 아는 것 같다.
как	1) 어떻게 2) ~처럼	그는 어떻게 일합니까?(일을 잘 합니까?) 그는 아버지처럼 키가 크다.
как будто	마치, ~처럼	전화벨이 울렸던 것 같았다.
каков 영단 -а́,-о́,-ы́	어떠하다	생각해 보았습니까? 당신의 대답은 무엇입니까?
какой -ая, -ое, -ие	어떤	내일 날씨는 어떨 것 같습니까?
какой-нибудь	아무거나	저녁에 아무 영화나 보자.
какой-то	어떤	너에게 어떤 남자가 전화했었어.

Я еду **к** друзьям.

Врач принимает в **кабинете** номер 5.

Каждый день я учу новые слова.

Мне **кажется**, что я знаю этого человека.

1) **Как** он работает?
2) Он высокий, **как** отец.

Мне показалось, **как будто** звонил телефон.

Вы подумали? **Каков** ваш ответ?

Какая завтра будет погода?

Давай посмотрим вечером **какой-нибудь** фильм.

Тебе звонил **какой-то** мужчина.

А Б В Г Д Е Ё Ж З И Й К Л М Н О

календа́рь 남	달력	– 오늘이 며칠이지? – 모르겠어. 달력을 봐.
ка́менный -ая, -ое, -ые	돌의, 돌로 만든	이 도시에는 돌로 지은 집이 많다.
ка́мень 남 [단생] ка́мня [복생] камне́й]	돌	누군가 창문으로 돌을 던졌다.
кани́кулы 복수만	방학	나는 방학에 보통 바다로 쉬러 간다.
капитали́зм 단수만	자본주의	당신은 자본주의에 대해 어떻게 생각하십니까?
капиталисти́ческий -ая, -ое, -ие	자본주의의	나는 자본주의 국가에 살고 싶다.
капу́ста	양배추	가게에 가면 양배추를 사 와.
каранда́ш	연필	나에게 파란 연필을 줘, 나는 바다를 그리고 싶어.
ка́рта	지도	지도에서 당신 도시를 보여 주세요.

П Р С Т У Ф Х Ц Ч Ш Щ Ъ Ы Ь Э Ю Я

– Какое сегодня число?
– Я не помню. Посмотри в **календаре**.

В этом городе много **каменных** домов.

Кто-то кинул **камень** в окно.

На **каникулах** я обычно езжу отдыхать на море.

Как вы относитесь к **капитализму**?

Я хотел бы жить в **капиталистической** стране.

Купи **капусту**, когда пойдёшь в магазин.

Дай мне синий **карандаш**, я хочу нарисовать море.

Покажите ваш город на **карте**.

А Б В Г Д Е Ё Ж З И Й К Л М Н О

картина	그림	전시회에서 우리는 아름다운 그림을 많이 보았다.
картофель **남**	감자	감자는 얼마입니까?
карточка [**복생** карточек]	카드	당신에게 내 명함을 드리겠습니다.
картошка (구어체)	감자	나는 볶은 감자를 매우 좋아한다.
касса	매표소, 계산대	죄송하지만 여기 어디에 매표소가 있는지 말씀해 주시겠습니까?
кассета	카세트테이프	지금은 사람들이 카세트테이프를 거의 사용하지 않는다.
кассир	카운터 직원	표가 얼마인지 카운터 직원에게 물어보세요.
катастрофа	이변, 참사	이 집에는 천장이 무너지는 참사가 일어났다.
кататься НСВ I + на чём(6)	타다	너 자전거 탈 줄 아니?
кафе **불변** [фэ]	카페, 간이식당	나는 자주 카페에서 아침 식사를 한다.

П Р С Т У Ф Х Ц Ч Ш Щ Ъ Ы Ь Э Ю Я

На выставке мы видели много красивых **картин**.

Сколько стоит **картофель**?

Я дам вам свою визитную **карточку**.

Я очень люблю жаренную **картошку**.

Извините, вы не скажите, где здесь **касса**?

Сейчас люди уже почти не используют **кассеты**.

Спроси у **кассира**, сколько стоят билеты.

В этом доме произошла **катастрофа**: упал потолок.

Ты умеешь **кататься** на велосипеде?

Я часто завтракаю в **кафе**.

А Б В Г Д Е Ё Ж З И Й **К** Л М Н О

ка́федра	강단, 학과	나의 아버지는 러시아어학과에서 일한다.
ка́чество **단수만**	질	우리 가게에서는 고품질의 물건만 판다.
ка́ша	죽	러시아 사람들은 아침으로 자주 죽을 먹는다.
ка́шель 남 **단수만** [생 ка́шля]	기침	나는 기침이 나고 열이 있다.
кварти́ра	아파트	당신 아파트에는 방이 몇 개입니까?
кефи́р **단수만**	께피르 (요거트와 비슷한 유산균 음료)	께피르는 러시아의 유명한 음료이다.
килогра́мм	킬로그램	양파 1킬로그램 주세요.
киломе́тр	킬로미터	나는 10분 만에 3킬로미터를 뛸 수 있다.
кино́ (구어체)	영화	나는 미국 영화를 아주 좋아한다.
кинотеа́тр	영화관	나는 영화관에 잘 가지 않는다.

П Р С Т У Ф Х Ц Ч Ш Щ Ъ Ы Ь Э Ю Я

Мой отец работает на **кафедре** русского языка.

В нашем магазине продаются вещи только высокого **качества**.

Русские часто едят на завтрак **кашу**.

У меня **кашель** и высокая температура.

Сколько комнат в вашей **квартире**?

Кефир – популярный русский напиток.

Дайте, пожалуйста, **килограмм** лука.

Я могу пробежать 3 **километра** за 10 минут.

Я очень люблю американское **кино**.

Я редко хожу в **кинотеатр**.

кио́ск	가판대, 좌판	아침에 나는 지하철역 근처 가판대에서 오늘자 신문을 산다.
кита́ец [🔢 кита́йцы]	중국 남자	나는 중국인 친구가 많다.
кита́йский -ая, -ое, -ие	중국의	나는 러시아어보다 중국어가 더 어렵다고 생각한다.
китая́нка	중국 여자	나는 많은 중국 여자들이 매우 매력적이라고 생각한다.
класс	반, 교실	선생님은 교실로 들어가서 수업을 시작했다.
класси́ческий -ая, -ое, -ие	고전의	젊은 사람들은 클래식 음악을 잘 안 듣는다.
класть **НСВ** (кладу́, кладёшь) положи́ть **СВ** II + что(4) + куда(4)	넣다, 놓다	책상에 돈을 놔 둬.
кли́мат	기후	나의 도시는 기후가 아주 온화하다.
клуб	클럽	서울에는 나이트클럽이 많다.
ключ	열쇠	열쇠를 못 찾겠어. 너, 열쇠 못 봤니?

П Р С Т У Ф Х Ц Ч Ш Щ Ъ Ы Ь Э Ю Я

Утром я покупаю свежую газету в **киоске** около станции метро.

У меня много друзей **китайцев**.

Я думаю **китайский** язык сложнее, чем русский.

Я думаю, что многие **китаянки** очень симпатичные.

Преподаватель вошёл в **класс** и начал урок.

Молодые люди сейчас редко слушают **классическую** музыку.

Положи деньги на стол.

В моём городе очень мягкий **климат**.

В Сеуле очень много ночных **клубов**.

Я не могу найти свои **ключи**. Ты не видел их?

А Б В Г Д Е Ё Ж З И Й **К** Л М Н О

кни́га	책	오늘 나는 도서관에서 좋은 책들을 발견해서 모두 빌려 왔다.
кни́жный -ая, -ое, -ые	책의	서점에 들르자. 나는 새 사전을 사야 해.
ковёр [단생] ковра́	카펫	전에 내 방 벽에는 카펫이 걸려 있었다.
когда́	언제	너는 언제 나에게 전화할 거니?
когда́-нибу́дь	언제든	당신은 언제 한번 러시아에 가 본 적이 있습니까?
когда́-то	언젠가	나는 이 사람을 언젠가 벌써 만났었다고 생각한다.
колбаса́	햄	햄 샌드위치를 만들어 주세요.
коли́чество	수량	많은 사람이 축하 콘서트에 모였다.
колле́га	[총칭] 동료	우리는 보통 동료들과 함께 점심을 먹으러 간다.
колле́кция	컬렉션, 모음	나는 다양한 나라의 컵 수집품이 있다.

П Р С Т У Ф Х Ц Ч Ш Щ Ъ Ы Ь Э Ю Я

Сегодня в библиотеке я нашёл хорошие **книги** и взял их все почитать.

Давай зайдём в **книжный** магазин, мне нужно купить новый словарь.

Раньше в моей комнате на стене висел **ковёр**.

Когда ты позвонишь мне?

Вы **когда-нибудь** были в России?

Я думаю, что я уже встречал этого человека **когда-то**.

Сделай мне, пожалуйста, бутерброд с **колбасой**.

Большое **количество** людей собралось на праздничном концерте.

Обычно мы ходим обедать вместе с **коллегами**.

У меня большая **коллекция** кружек из разных стран.

А Б В Г Д Е Ё Ж З И Й **К** Л М Н О

кольцо́ [복생 коле́ц]	반지	부모님은 내 생일에 금반지를 선물해 주셨다.
кома́нда	팀	축구 보자. 한국 팀과 스페인 팀이 경기하고 있어.
командиро́вка [복생 командиро́вок]	출장	그는 업무상 출장이 잦다.
коме́дия	코미디, 희극	나는 쉬고 싶을 때 아무 코미디나 본다.
ко́мната	방	올렉은 자기의 방에서 독서 중이다.
компози́тор	작곡가	당신은 어떤 러시아 작곡가를 아십니까?
компью́тер	컴퓨터	나는 회사에서 거의 하루 종일 컴퓨터로 일을 한다.
конве́рт	봉투	아이들은 산타클로스에게 편지를 써서 봉투에 넣었다.
коне́ц [단생 конца́]	끝, 결말	나는 해피엔딩 영화를 좋아하지 않는다.
коне́чно [шн]	물론, 당연하게	– 너 내 생일 파티에 올 거니? – 물론, 갈 거야.

Родители подарили мне на день рождения золотое **кольцо**.

Давай посмотрим футбол: играют **команды** Кореи и Испании.

Его работа связана с частыми **командировками**.

Когда я хочу отдохнуть, я смотрю какую-нибудь **комедию**.

Олег читает в своей **комнате**.

Каких русских **композиторов** вы знаете?

На работе я почти весь день провожу за **компьютером**.

Мальчики и девочки написали письма Деду Морозу и положили их в **конверт**.

Я не люблю фильмы со счастливым **концом**.

– Ты придёшь ко мне на день рождения?
– **Конечно**, приду.

А Б В Г Д Е Ё Ж З И Й **К** Л М Н О

ко́нкурс	경시대회, 경쟁	5월 말에 경시대회 우승자가 발표될 것이다.
консервато́рия	음악원	전문 음악가가 되기 위해서는 음악원에서 배워야 한다.
конспекти́ровать* НСВ + что(4)	요약하다	대학교에서는 요약해야 하는 일이 많다.
конститу́ция	헌법	국가의 중심 법은 헌법이다.
консульта́ция	상담, 면담	시험 전에 선생님은 항상 면담을 한다.
контро́льный -ая, -ое, -ые	검사의, 감독의	내일 우리는 쪽지시험이 있다.
конфере́нция	회의	내일 나는 학술 대회에서 강연을 한다.
конфе́та	사탕	나의 아버지는 사탕과 같이 차를 마시는 것을 좋아한다.
конце́рт	콘서트	어제 나는 클럽에, 유명한 가수의 콘서트에 다녀왔다.

П Р С Т У Ф Х Ц Ч Ш Щ Ъ Ы Ь Э Ю Я

В конце мая будет объявлен победитель **конкурса**.

Чтобы стать профессиональным музыкантом, нужно учиться в **консерватории**.

В университете нужно много **конспектировать**.

*конспекти́ровать (конспекти́*рую*, -*руешь*)

Главный закон страны – это **конституция**.

Перед экзаменом преподаватель всегда проводит **консультацию**.

Завтра у нас будет **контрольная** работа.

Завтра я выступаю с докладом на научной **конференции**.

Мой папа любит пить чай с **конфетами**.

Вчера я ходил в клуб на **концерт** популярного певца.

А Б В Г Д Е Ё Ж З И Й ... Л М Н О

кончáть HCB I кóнчить CB II + что(4) 혹은 инф HCB	끝내다	우리는 저녁 식사를 마치고 그릇을 씻었다.
кончáться HCB I кóнчиться CB II	끝나다	연극은 9시에 끝난다.
конькú 복	스케이트	겨울에 나는 스케이트를 잘 타는 법을 배웠다.
копéйка [복생 копéек]	꼬뻬이까 (1/100 루블)	공책은 5루블 50꼬뻬이까이다.
корáбль 남	배, 선박	나는 여름에 바다에서 휴가를 보낼 때 가끔 배를 탔다.
коридóр	복도	복도에 가방을 놔 두세요.
корúчневый -ая, -ое, -ые	갈색의	나는 종종 갈색 물건을 산다.
кормúть HCB (кормлю́, -óрмишь) покормúть CB + когó(4)	먹이다	아침에 나는 개에게 먹이를 준 다음 아침을 먹는다.

П Р С Т У Ф Х Ц Ч Ш Щ Ъ Ы Ь Э Ю Я

Когда мы **кончили** ужинать, мы вымыли посуду.

Спектакль **закончится** в 9 часов.

Зимой я научился хорошо кататься на **коньках**.

Тетрадь стоит 5 рублей 50 **копеек**.

Когда я летом отдыхал на море, я иногда плавал на **корабле**.

Оставь свою сумку в **коридоре**.

Я часто себе покупаю вещи **коричневого** цвета.

Утром я сначала **кормлю** свою собаку, а потом завтракаю сам.

коро́бка [복생] коро́бок	상자, 박스	나에게 이 큰 사탕 상자를 주세요.
коро́ва	소	소는 우유를 제공한다.
коро́ткий -ая, -ое, -ие	짧은	나는 짧은 단편소설들이 장편소설보다 더 좋다.
ко́рпус	동, 건물, 큰 건축물의 독립된 일부	오늘 강의는 A동에서 있다.
косми́ческий -ая, -ое, -ие	우주의	여러 나라에서 온 우주 비행사팀이 국제 우주정거장에서 일한다.
космона́вт	우주비행사	역사상 최초의 우주비행사는 유리 가가린이었다.
ко́смос 단수만	우주	사람들은 항상 우주에 관심을 가졌다.
костю́м	정장, 양복	- 너 내일 회의 때 뭐 입을 거니? - 나는 양복과 흰 셔츠를 입을 거야.
кот	고양이(수컷)	내 고양이 이름은 무르직이다.
котле́та	커틀렛	오늘 어머니는 저녁으로 밥과 커틀렛을 요리했다.

П Р С Т У Ф Х Ц Ч Ш Щ Ъ Ы Ь Э Ю Я

Дайте мне, пожалуйста, эту большую **коробку** конфет.

Корова даёт молоко.

Мне больше нравятся **короткие** рассказы, чем романы.

Сегодня лекция будет в **корпусе** А.

Команда космонавтов из разных стран работает на международной **космической** станции.

Первым **космонавтом** в истории был Юрий Гагарин.

Человек всегда интересовался **космосом**.

– Что ты наденешь завтра на собеседование?
– Я надену свой **костюм** и белую рубашку.

Моего **кота** зовут Мурзик.

Сегодня на ужин мама приготовила рис и **котлеты**.

А Б В Г Д Е Ё Ж З И Й **К** Л М Н О

кото́рый -ая, ое, -ые	[관계대명사]	내 생각에 나는 우리가 카페에서 본 아가씨를 아는 것 같다.
ко́фе 남	커피	보통 나는 아침 식사를 하지 않고 커피 한 잔만 마신다.
ко́шка [복생 ко́шек]	고양이 (암컷)	나에게는 고양이 세 마리와 개 한 마리가 있다.
краси́во	아름답게, 아름답다	사람들이 나에게 당신은 아주 노래를 잘한다고 말했다.
краси́вый -ая, -ое, -ые	아름다운	나는 내 친구들에게 줄 예쁜 기념품을 샀다.
кра́сный -ая, -ое, -ые	빨간, 붉은	인가, 너는 빨간 드레스가 아주 잘 어울려.
Кре́мль 남	(모스끄바의) 끄레믈	어제 나는 끄레믈 관광을 다녀왔다.
кре́пкий -ая, -ое, -ие	견고한, 단단한	우리의 우정은 매우 단단하다(두텁다).
кре́сло [복생 кре́сел]	안락의자	내 사무실에는 책상, 책장 그리고 두 개의 소파가 있다.

П Р С Т У Ф Х Ц Ч Ш Щ Ъ Ы Ь Э Ю Я

Мне кажется я знаю девушку, **которую** мы видели с тобой в кафе.

Утром я обычно не завтракаю, но выпиваю чашку **кофе**.

У меня три **кошки** и одна собака.

Мне сказали, вы очень **красиво** поёте.

Я купил своим друзьям **красивые** сувениры.

Инга, тебе очень идёт это **красное** платье.

Вчера я ходил на экскурсию в **Кремль**.

Наша дружба очень **крепкая**.

В моём кабинете стоит стол, шкаф и два **кресла**.

А Б В Г Д Е Ё Ж З И Й ... Л М Н О

крестья́нин [복 крестья́не]	농부	나는 들판에서 몇 명의 농부가 일하고 있는 것을 보았다. **여** крестья́нка
кри́зис	위기	2014년에 우끄라이나에는 큰 정치적 위기가 있었다.
критикова́ть НСВ (критику́ю, -ку́ешь) **+ кого-что(4)**	비평하다, 비판하다	(다른 사람들이) 작업을 평가하는 걸 아무도 좋아하지 않는다.
крича́ть НСВ II **кри́кнуть СВ** (кри́кну, -нешь)	소리치다	나는 누군가 내 이름을 소리쳐 부르는 것을 들었다.
крова́ть 여	침대	왜 네 침대에 책과 공책이 다시 놓여 있니?
кровь 여	피	나는 매우 흥분하면 코피가 난다.
кро́ме **+ кого-чего(2)**	~외에, ~을 제외하고	오늘 수업에는 이반을 제외한 모든 학생들이 있었다.
кру́глый -ая, -ое, -ые	둥근	사무실에는 둥근 책상과 다섯 개의 의자가 있다.

П Р С Т У Ф Х Ц Ч Ш Щ Ъ Ы Ь Э Ю Я

Я увидел, что в поле работает несколько **крестьян**.

В 2014 году на Украине был большой политический **кризис**.

Почти никто не любит, когда **критикуют** их работу.

Я услышал, как кто-то **закричал** моё имя.

Почему на твоей **кровати** опять лежат тетради?

Когда я очень волнуюсь у меня из носа идёт **кровь**.

Сегодня на уроке были все студенты, **кроме** Ивана.

В кабинете стоял **круглый** стол и пять стульев.

А Б В Г Д Е Ё Ж З И Й К Л М Н О

крýпный -ая, -ое, -ые	큼직한, 대규모의	너는 어디에서 이렇게 큰 사과를 샀니?
крýша	지붕	밖에 날씨가 좋을 때 나는 가끔 지붕에 올라가 거기에서 쉰다.
ксéрокс	복사기	복사기에서 복사 좀 해 주세요.
кто	누구	여기 누가 프랑스어를 압니까?
któ-нибýдь	누구든지, 아무나	만약 길을 잃으면 네 호텔이 어디에 있는지 길거리에서 아무한테나 물어봐.
któ-то	누군가	네가 없을 때 누군가 너에게 전화를 했어.
кудá	어디로	일 마치고 너는 어디로 갈 거니?
кудá-нибýдь	어디로든지	저녁에 어디든지 좀 다녀오자.
кудá-то	어디론가	나는 어딘가에 내 여권을 놔뒀는데 지금 그것을 찾을 수가 없다.
культýра	문화	당신 나라의 문화에 대해 조금 이야기해 주세요.

П Р С Т У Ф Х Ц Ч Ш Щ Ъ Ы Ь Э Ю Я

Где ты купил такие **крупные** яблоки?

Когда на улице хорошая погода, я иногда поднимаюсь на **крышу** и отдыхаю там.

Пожалуйста, сделай для меня копию на **ксероксе**.

Кто здесь знает французский язык?

Если ты потеряешь дорогу, спроси **кого-нибудь** на улице, где находится твоя гостиница.

Когда тебя не было, тебе **кто-то** звонил.

Куда ты собираешься после работы?

Давай сходим **куда-нибудь** вечером.

Я **куда-то** положил свой паспорт и сейчас не могу найти его.

Расскажите немного о **культуре** своей страны.

А Б В Г Д Е Ё Ж З И Й К Л М Н О

культу́рный -ая, -ое, -ые	문화의	상뜨뻬쩨르부르그는 러시아의 문화 수도로 불린다.
купа́ться **НСВ** I	목욕하다	겨울에 수영을 즐기는 사람을 «морж»라고 부른다.
кури́ть **НСВ** II	담배 피다	흡연은 건강을 해치는 것이다.
ку́рица [**복** ку́ры]	닭, 닭고기	나는 저녁으로 닭고기를 굽고, 야채 샐러드를 준비했다.
курс	학년	그는 1학년이다.
ку́рсы **복수만**	학원, 코스	나는 학원에서 러시아어를 배웠다.
ку́ртка [**복생** ку́рток]	점퍼	밖에 추워. 점퍼를 입어.
ку́хня [**복생** ку́хонь]	주방, 음식	나는 한국 음식을 더 좋아한다.

| П Р С Т У Ф Х Ц Ч Ш Щ Ъ Ы Ь Э Ю Я |

Санкт-Петербург называют **культурной** столицей России.

Людей, которые любят **купаться** зимой, называют моржами.

Курить – здоровью вредить.

На ужин я себе приготовил жареную **курицу** и овощной салат.

Он учится на первом **курсе**.

Я учил русский язык на **курсах**.

На улице холодно, надень **куртку**.

Я предпочитаю корейскую **кухню**.

Л

лаборато́рия	실험실, 연구실	나의 아버지는 연구소에서 일한다.
ла́мпа	스탠드, 전등	책상에는 스탠드와 내 책들이 있다.
ле́вый -ая, -ое, -ые	왼쪽의	나의 친구는 왼손잡이다. 그는 왼손으로 쓴다.
легко́ [비교급 ле́гче]	쉽게, 쉽다	러시아어로 읽는 것은 쉽다.
лежа́ть НСВ (лежу́, -жи́шь) + где(6)	누워 있다, 놓여 있다	내 서류는 어디에 놓여 있습니까?
лека́рство	약	당신은 약국에 가서 이 약을 사야 한다.
ле́кция	강의	선생님은 강의에서 러시아 작가 체홉에 대해 이야기했다.
лес [복 леса́] (в лесу́)	숲	나는 시골 할머니 댁에서 쉴 때 종종 숲에서 산책한다.
ле́стница	계단	엘리베이터가 고장 나서 너는 계단으로 가야 한다.

Мой отец работает в **лаборатории**.

На столе стоит **лампа** и лежат мои книги.

Мой друг левша – он пишет **левой** рукой.

Читать по-русски **легко**.

Где **лежат** мои документы?

Вам нужно пойти в аптеку и купить это **лекарство**.

На **лекции** преподаватель рассказывал о русском писателе А.П. Чехове.

Когда я отдыхаю в деревне у бабушки, я иногда гуляю в **лесу**.

Лифт не работает, поэтому тебе нужно идти по **лестнице**.

А Б В Г Д Е Ё Ж З И Й К Л М Н О

летáть **НСВ** I летéть **НСВ** (лечý, летúшь) полетéть **СВ** + куда(4) + откуда(2)	날아다니다 날다	내년에 나는 스페인으로 휴가를 간다.
лéтний -яя, -ее, -ие	여름의	우리 도시는 여름에 날씨가 아주 더워서 당신은 여름옷을 가지고 와야 합니다.
лéто	여름	여름은 너무 더워서 나는 여름을 그다지 좋아하지 않는다.
лéтом	여름에	여름에 대학교는 방학을 한다.
лечúть **НСВ** II вы́лечить **СВ** II + кого(4)	치료하다	감기는 며칠 만에 치료할 수 있다.
лёгкий -ая, -ое, -ие [비교급 лéгче]	쉬운; 가벼운	이 연습문제는 매우 쉽다.
лёд [**단생** льда]	얼음	나에게 얼음을 넣은 오렌지 주스를 주시겠습니까?

П Р С Т У Ф Х Ц Ч Ш Щ Ъ Ы Ь Э Ю Я

В следующем году я **полечу** отдыхать в Испанию.

В нашем городе летом очень жаркая погода, поэтому вам нужно взять с собой **летнюю** одежду.

Я не очень люблю **лето**, потому что летом слишком жарко.

Летом у студентов каникулы.

Простуду можно **вылечить** за несколько дней.

Это упражнение очень **лёгкое**.

Можно мне апельсиновый сок со **льдом**?

лётчик	조종사, 비행사	나는 조종사가 매우 흥미로운 직업이라고 생각한다.
ли	의문을 뜻하는 소사	일요일에 도서관이 문을 여는지 궁금하다.
лимо́н	레몬	러시아 사람들은 레몬 넣은 차를 마시는 걸 좋아한다.
лист [복 ли́стья]	나뭇잎	가을에 나뭇잎들은 매우 아름답다.
литерату́ра	문학	나의 취미는 러시아 고전 문학을 읽는 것이다.
литерату́рный -ая, -ое, -ые	문학의	내 친구들이 문학의 밤 행사에 나를 초대했다.
лифт	엘리베이터	우리는 6층에 있습니다. 엘리베이터로 올라오세요.
лицо́	얼굴	나는 사람 이름보다 얼굴을 기억하는 것이 쉽다.
ли́шний -яя, -ее, -ие	여분의, 쓸모없는	극장에 가고 싶지 않아요? 저에게 남은 표가 있어요.
лоб [단생 лба]	이마	내 생각에 나는 이마가 예쁘지 않은 것 같아.

П Р С Т У Ф Х Ц Ч Ш Щ Ъ Ы Ь Э Ю Я

Я думаю, **лётчик** – очень интересная профессия.

Интересно, работает **ли** библиотека в воскресенье.

Русские любят пить чай с **лимоном**.

Осенью **листья** на деревьях очень красивые.

Моё хобби – читать русскую классическую **литературу**.

Мои друзья пригласили меня на **литературный** вечер.

Мы находимся на шестом этаже. Поднимайтесь на **лифте**.

Мне легче запомнить **лицо** человека, чем его имя.

Вы не хотите пойти в театр? У меня есть **лишние** билеты.

Мне кажется, что у меня не красивый **лоб**.

лови́ть НСВ (*ловлю́, -о́вишь*) **пойма́ть СВ** I **+ кого-что(4)**	잡다	주말마다 나는 아버지와 낚시를 하러 호수에 간다.
ло́дка [복생 ло́док]	보트	공원에서 우리는 아이스크림을 먹고 보트를 탔다.
ложи́ться **НСВ** II **лечь* СВ** **+ куда(4) + инф**	눕다	보통 나는 11시에 잠자리에 든다.
ло́жка [복생 ло́жек]	숟가락	나는 젓가락질을 못하니 숟가락을 주세요.
лома́ть НСВ I **слома́ть СВ** I **+ что(4)**	부러뜨리다, 망가뜨리다	누가 내 볼펜을 고장 냈어?
ло́шадь 여	말	나의 꿈은 승마를 배우는 것이다.
луна́	달	오늘 달이 얼마나 아름다운지 봐.
лу́чший -ая, -ее, -ие	나은, 더 좋은	사람들은 언제나 뭔가 더 좋은 것을 원한다.

П Р С Т У Ф Х Ц Ч Ш Щ Ъ Ы Ь Э Ю Я

По выходным я езжу с отцом на озеро **ловить** рыбу.

В парке мы ели мороженое и катались на **лодке**.

Обычно я **ложусь** спать в 11 часов.

*лечь (ля́гу, ля́жешь; 🔴 лёг, легла́, легли́)

Я не умею есть палочками, дайте мне, пожалуйста, **ложку**.

Кто **сломал** мою ручку?

Моя мечта – научиться кататься на **лошади**.

Посмотри какая красивая сегодня **луна**.

Люди всегда хотят чего-то **лучшего**.

А Б В Г Д Е Ё Ж З И Й К Л М Н О

лы́жи 복 [단 лы́жа]	스키	내가 어렸을 때 아버지와 나는 자주 근교로 나가 스키를 탔다.
люби́мый -ая, -ое, -ые	사랑하는, 아끼는	우리가 제일 좋아하는 운동은 야구다.
люби́ть НСВ (*люблю́, -ю́бишь*) **+ кого-что(4) 혹은 + инф**	좋아하다, 사랑하다	• 나는 안드레이와 그의 개를 좋아한다. • 나는 친구들과 영화 보는 걸 좋아한다.
любо́вь 여 단수만 [생 любви́]	사랑	사람의 인생에서 가장 중요한 것은 사랑이다.
любо́й -ая, -ое, -ые	각각의, 모든	어떤 경우에도 사람은 침착해야 한다.
лю́ди 복 [단 челове́к]	사람들	많은 사람들이 집보다 휘트니스 클럽에서 운동하는 것이 낫다고 여긴다.

П Р С Т У Ф Х Ц Ч Ш Щ Ъ Ы Ь Э Ю Я

Когда я был маленьким, мы часто с отцом ездили за город и катались на **лыжах**.

Наш **любимый** вид спорта – это бейсбол.

- Я **люблю** Андрея и его собаку.
- Я **люблю** смотреть фильмы с друзьями.

Самое важное в жизни человека – это **любовь**.

В **любой** ситуации человек должен оставаться спокойным.

Многие **люди** думают, что лучше заниматься спортом в фитнес-клубе, чем дома.

M

магази́н	가게, 상점	이 가게에서는 언제나 신선한 야채를 살 수 있다.
магнитофо́н	카세트 플레이어	나는 숙제를 할 때 카세트 플레이어를 듣는다.
май	5월	5월 초에 한국에는 석가탄신일이라는 큰 국경일이 있다.
ма́ленький -ая, -ое, -ие [비교급 ме́ньше]	작은, 어린	내 여동생은 아직 학교에 다닌다. 그녀는 어리다.
мал **형단** -а, -о, -ы	작다, 어리다	너는 이런 영화를 보기에는 아직 어리다.
ма́льчик	소년	이 소년은 다섯 살이다.
ма́ма	엄마	엄마, 언제 집에 와요?
ма́рка [**복생** ма́рок]	우표; 상표, 브랜드	나에게 이 봉투와 우표를 주세요.
март	3월	3월 8일은 세계 여성의 날이다.
маршру́т	경로, 노선	이 버스는 어떤 노선으로 운행하는지 말씀해 주시겠습니까?

В этом **магазине** вы всегда можете купить свежие овощи.

Когда я делаю домашнее задание, я слушаю **магнитофон**.

В начале **мая** в Корее большой праздник – день рождения Будды.

Моя сестра ещё учится в школе. Она **маленькая**.

Ты ещё очень **мал**, чтобы смотреть такие фильмы.

Этому **мальчику** 5 лет.

Мама, когда ты придёшь домой?

Дайте мне, пожалуйста, этот конверт и одну **марку**.

8 **марта** – международный женский день.

Вы не скажите, по какому **маршруту** ходит этот автобус?

А Б В Г Д Е Ё Ж З И Й К Л М Н О

ма́сло	기름, 오일	버터는 비타민 A와 D가 풍부하다.
ма́стер	장인(匠人), 잘 하는 사람	나의 형은 재미있는 이야기를 생각해 내는 데 선수다.
матема́тик	수학자	우리의 새로운 수학자는 아주 재미있는 사람이다.
матема́тика	수학	나는 대학교에서 수학을 공부한다.
математи́ческий -ая, -ое, -ие	수학의	학교에서 나는 수학반에서 공부했다.
матч	경기	이번 경기에 프랑스 팀과 독일 팀이 출전한다.
мать 여 [단생 ма́тери] [복 ма́тери] [복생 матере́й]	어머니	어렸을 때부터 나는 그녀를 내 어머니라 불렀다.
маши́на	자동차	마샤는 자동차 운전을 배우기로 결심했다.
ме́бель 여 단수만	가구	나는 새 아파트를 샀기 때문에 새 가구를 구입해야 한다.

П Р С Т У Ф Х Ц Ч Ш Щ Ъ Ы Ь Э Ю Я

Сливочное **масло** богато витаминами A и D.

Мой брат – **мастер** придумывать весёлые истории.

Наш новый **математик** – очень интересный человек.

Я изучаю **математику** в университете.

В школе я учился в **математическом** классе.

В этом **матче** участвуют команды Франции и Германии.

С детства я её называла своей **матерью**.

Маша решила научиться водить **машину**.

Я купил новую квартиру, поэтому мне нужно купить новую **мебель**.

А Б В Г Д Е Ё Ж З И Й К Л М Н О

медве́дь 남	곰	나는 러시아 동화 «마샤와 곰 세 마리»를 읽었다.
媒медици́на	의학	의학은 가장 오래된 학문 중 하나이다.
медици́нский -ая, -ое, -ие	의학의	나의 아들은 의과대학에서 공부하고 있고, 곧 의사가 될 것이다.
ме́дленно	느리게, 천천히	천천히 말씀해 주세요. 당신 말을 못 알아듣겠습니다.
ме́дленный -ая, -ое, -ые	느린	나는 느린 음악을 듣는 것을 더 좋아한다.
медсестра́ [복] медсёстры [복생] медсестёр	간호사	간호사가 나에게 약을 가져왔다.
ме́жду + кем-чем(5)	~사이에, 가운데	카페는 은행과 서점 사이에 있다.
междунаро́дный -ая, -ое, -ые	국제적인	제네바에서는 항상 다양한 국제회의가 열린다.
мело́дия	멜로디	나는 아름다운 멜로디가 있는 음악이 마음에 든다.

Я прочитал русскую сказку «Машенька и три **медведя**».

Медицина – одна из самых древних наук.

Мой сын учится в **медицинском** университете, и скоро он станет врачом.

Говорите, пожалуйста, **медленее**. Я вас не понимаю.

Я предпочитаю слушать **медленную** музыку.

Медсестра принесла мне лекарство.

Кафе находится **между** банком и книжным магазином.

В Женеве всегда проводятся разные **международные** конференции.

Мне нравятся песни с красивой **мелодией**.

А Б В Г Д Е Ё Ж З И Й К Л М Н О

ме́нее = ме́ньше	더 적게	• 나는 두 달이 채 안 돼 운전하는 법을 배웠다. • 나의 새로운 직장에서는 급여가 더 적다.
меньшинство́ **단수만**	소수	러시아에는 백 개 이상의 소수민족이 살고 있다.
меня́ть НСВ I поменя́ть СВ I + что(4) + на что(4)	바꾸다, 변화시키다	– 너는 왜 일을 바꾸려고 하니? (이 직을 하려고 하니?) – 새 직장에서는 내 급여가 더 높거든.
ме́рить НСВ II поме́рить СВ II + что(4)	(치수 등을) 재다	어디에서 이 바지를 입어 볼 수 있습니까?
ме́сто	장소	죄송하지만 이 자리는 예약이 되어 있습니다.
ме́сяц	달, 월	3월은 봄의 첫 번째 달이다.
мета́лл	금속	이 반지는 어떤 금속으로 만들어졌습니까?
метр	미터	내 키는 1미터 70센티미터이다.
метро́ **불변**	지하철	«Охо́тный ряд»역 근처에서 만나자.

П Р С Т У Ф Х Ц Ч Ш Щ Ъ Ы Ь Э Ю Я

- Я научился водить машину **менее** чем за два месяца.
- На моей новой работе зарплата **меньше**.

В России живёт более ста национальных **меньшинств**.

– Почему ты хочешь **поменять** работу?
– На новой работе моя зарплата будет выше.

Где я могу **померить** эти брюки?

Извините, но это **место** уже занято.

Март – это первый **месяц** весны.

Из какого **металла** сделано это кольцо?

Мой рост – 1 **метр** 70 сантиметров.

Давай встретимся у **метро** «Охотный ряд».

мечта́	꿈, 소망	나의 꿈은 달에 가는 것이다.
мечта́ть HCB I + о ком-чём(6) + инф	꿈꾸다; 공상하다	나는 어릴 때부터 피아노 치는 것을 배우고 싶었다.
меша́ть HCB I помеша́ть CB I + кому(3) + инф	섞다, 방해하다	공부하는 걸 방해하지 마. 나는 시험 준비를 하고 있어.
мёртвый -ая, -ое, -ые	죽은	물 쪽으로 다가갔을 때 나는 물가에서 죽은 물고기를 보았다.
милиционе́р	경찰관	나는 길을 몰라서 경찰관에게 물어보았다.
мили́ция	민병대	예전에 러시아에는 민병대가 있었으나, 지금은 경찰이 있다.
миллиа́рд	10억	하늘에는 수십억 개의 별이 있다.
миллио́н	백만	나의 새 차는 백만 루블짜리이다.
ми́лый -ая, -ое, -ые	귀여운, 사랑스러운	내 친구는 나에게 예쁜 꽃을 선물했다.
ми́мо + кого-чего(2)	~를 지나서, ~옆을	어제 너는 내 옆을 지나갔지만 인사하지 않았다.

П С Т У Ф Х Ц Ч Ш Щ Ъ Ы Ь Э Ю Я

Моя **мечта** – полететь на Луну.

Я с детства **мечтал** научиться играть на пианино.

Не **мешай** мне, пожалуйста, заниматься. Я готовлюсь к экзамену.

Когда я подошёл к воде, я увидел **мёртвую** рыбу на берегу.

Я не знал дорогу и спросил её у **милиционера**.

Раньше в России была **милиция**, а теперь полиция.

На небе **миллиарды** звёзд.

Моя новая машина стоит **миллион** рублей.

Мой друг подарил мне очень **милые** цветы.

Вчера ты прошёл **мимо** меня и не поздоровался.

А Б В Г Д Е Ё Ж З И Й К Л М Н О

мини́стр	장관	어제 러시아 대통령은 한국의 장관과 만났다.
ми́нус	마이너스, 빼기	어떤 직업이나 장단점이 있다.
мину́та [지소형 мину́точка]	분; 잠깐	잠깐만 기다려 주세요.
мир¹ **단수만**	세계	그는 세계적으로 유명하다.
мир² **단수만**	평화	우리는 전쟁이 아니라 평화를 원한다.
ми́рный -ая, -ое, -ые	평화의, 평화로운	이스라엘과 팔레스타인의 평화 협상은 계속될 것이다.
мирово́й -ая, -ое, -ые	세계의	뻬쩨르부르그 대학은 세계적인 학문의 중심지 가운데 하나였다.
ми́тинг	집회	어제 시내 중심부에서 평화 집회가 있었다.
мла́дший -ая, -ее, -ие	손아래의, 보다 어린	이라는 반에서 가장 어리다.
мне́ние	의견	당신 생각에 세계에서 가장 유명한 사람은 누구입니까?

П Р С Т У Ф Х Ц Ч Ш Щ Ъ Ы Ь Э Ю Я

Вчера президент России встретился с корейским **министром**.

В любой профессии есть свои плюсы и **минусы**.

Подождите **минут(оч)ку**, пожалуйста.

Его знают во всём **мире**.

Хотим **мира**, а не войны.

Мирные переговоры между Израилем и Палестиной продолжатся.

Петербургский университет был одним из центров **мировой** науки.

Вчера в центре города прошёл мирный **митинг**.

Ира была самой **младшей** в группе.

Кто самый известный человек в мире, по вашему **мнению**?

А Б В Г Д Е Ё Ж З И Й К Л М Н О

мно́гие	형 많은 명 많은 사람들	삶의 방식을 바꾸면 많은 문제들이 해결될 것이다.
мно́го [비교급 бо́льше]	많다	너 지금 시간 많니?
моде́ль 여	모델, 예	교재의 예문을 읽으세요.
мо́дный -ая, -ое, -ые	유행의	나의 누이는 유행하는 잡지를 끊임없이 산다.
мо́жет быть	혹시, 아마도	휴가 때 나는 아마도 부산에 갈 것이다.
мо́жно	할 수 있다	이 마을에서는 자연 속에서 아주 잘 쉴 수 있다.
мой моя́, моё, мои́	나의	이 사람은 나의 새 친구이다.
мо́крый -ая, -ое, -ые	젖은	젖은 머리로 밖에 나가지 마.
молодёжный -ая, -ое, -ые	젊은이의	그저께 우리는 청소년 극장에 «세 자매»를 보러 갔다왔다.
молодёжь 여	젊은이	젊은 사람들은 디스코텍에 가는 것을 좋아한다.

| П Р С Т У Ф Х Ц Ч Ш Щ Ъ Ы Ь Э Ю Я |

Измените образ жизни и **многие** проблемы будут решены.

У тебя **много** времени сейчас?

Читайте **модель** из учебника.

Моя сестра постоянно покупает **модные** журналы.

В отпуске я, **может быть**, поеду в Пусан.

В этой деревне **можно** очень хорошо отдохнуть на природе.

Это **мой** новый друг.

Не выходи на улицу с **мокрой** головой!

Позавчера мы ходили в **молодёжный** театр на спектакль «Три сестры».

Молодёжь любит ходить на дискотеки.

А Б В Г Д Е Ё Ж З И Й К Л М Н О

молоде́ц	훌륭하다! 잘한다!	잘했어! 너는 시험을 아주 잘 봤어.
молодо́й -ая, -ое, -ые [비교급 моло́же]	젊은, 어린	나의 아버지는 아직 젊다.
мо́лодость 여 단수만	젊음	젊었을 때 나는 배구를 했다.
молоко́ 단수만	우유	집에 가는 길에 나는 우유와 빵을 사러 가게에 들렀다.
молча́ть HCB (молчу́, -чи́шь)	침묵하다	조용히 하고 내 말을 들어.
моме́нт	순간	전화벨이 울린 그 순간에 나는 설거지를 하고 있었다.
моне́та	주화, 동전	나는 여러 나라의 동전을 수집한다.
мо́ре	바다	이 호텔에는 바다가 보이는 방이 없다.
моро́женое 명	아이스크림	아이스크림은 아이들도 어른들도 좋아한다.
моро́з	(영하의) 추위	강추위가 찾아왔다.

П Р С Т У Ф Х Ц Ч Ш Щ Ъ Ы Ь Э Ю Я

Молодец! Ты очень хорошо написал тест.

Мой отец ещё очень **молодой**.

В **молодости** я занимался волейболом.

По дороге домой я зашёл в **магазин** купить молоко и хлеб.

Молчи и слушай меня.

В тот **момент**, когда зазвонил телефон, я мыл посуду.

Я коллекционирую **монеты** из разных стран.

В этой гостинице нет номеров с видом на **море**.

Мороженое любят и дети и взрослые.

Наступили **морозы**.

А Б В Г Д Е Ё Ж З И Й К Л М Н О

морско́й -ая, -ое, -ие	바다의	바다 공기는 건강에 좋다.
моря́к	선원	나는 바다를 아주 좋아하기 때문에 선원이 되고 싶다.
москви́ч	모스끄바 남자	나의 부모님은 모두 모스끄바 시민이다.
москви́чка [복생 москви́чек]	모스끄바 여자	나의 친구도 역시 모스끄바 시민이다.
моско́вский -ая, -ое, -ие	모스끄바의	모스끄바 국립대학교는 러시아의 가장 크고 오래된 대학 중 하나다.
мост	다리	뻬쩨르부르그에는 30개 이상의 섬과 580개 이상의 다리가 있다.
мочь* **НСВ** смочь** **СВ** + инф	할 수 있다	할 수 있는 건 다 해 볼게요.
муж [복 мужья́]	남편	나는 나의 남편과 인터넷에서 알게 되었다.
му́жественный -ая, -ое, -ые	남자다운, 용감한	빅또르는 아주 남자다운 사람이다.

П Р С Т У Ф Х Ц Ч Ш Щ Ъ Ы Ь Э Ю Я

Морской воздух полезен для здоровья.

Я очень люблю море, поэтому я хочу стать **моряком**.

Оба мои родители **москвичи**.

Моя подруга тоже **москвичка**.

Московский государственный университет – один из старейших и крупнейших вузов России.

В Петербурге более 30 островов и 580 **мостов**.

Я сделаю всё, что **смогу**.

*мочь (могу́, мо́жешь; 🅿 мог, могла́, могли́)
**смочь (смогу́, смо́жешь; 🅿 смог, смогла́, смогли́)

Я познакомилась со своим **мужем** в интернете.

Виктор – очень **мужественный** человек.

мýжество **단수만**	용기	용기는 남자에게 매우 중요한 덕목이다.
мужскóй -ая, -ое, -ие	남성의	우리 가게에서 당신은 여성복뿐만 아니라 남성복도 구입할 수 있습니다.
мужчи́на **남**	남자	모든 한국 남자는 군대에 가야 한다.
музéй	박물관	나는 새로운 도시에 가면 곧장 박물관으로 간다.
мýзыка **단수만**	음악	나는 현대음악을 좋아한다.
музыкáльный -ая, -ое, -ые	음악의	문학과 음악의 밤은 이르꾸쯔끄 시의 날 축하 시기에 개최된다.
музыкáнт	음악가	선생님은 내가 가장 좋아하는 음악가에 대해 이야기하라고 했다.
мультфи́льм	만화영화	많은 나라에서 러시아 만화영화 «체부라쉬까»를 알고 있다.
мы	우리	우리는 오랫동안 만나지 못했다.
мы́ло	비누	음식을 먹기 전에 비누로 손을 씻으세요.
мысль **여**	생각	나한테 생각이 있어. 저녁에 다 같이 저녁 식사를 준비하자.

Мужество – очень важное качество для мужчины.

В нашем магазине вы можете купить и женскую и **мужскую** одежду.

Все корейские **мужчины** должны служить в армии.

Когда я приезжаю в новый город, я сразу иду в **музей**.

Я люблю современную **музыку**.

Литературно-**музыкальный** вечер состоится в период празднования Дня города Иркутска.

Учитель попросил рассказать о нашем любимом **музыканте**.

Во многих странах знают русский **мультфильм** «Чебурашка».

Мы долго не виделись.

Перед едой мойте руки с **мылом**.

У меня есть **мысль**: давайте вечером все вместе приготовим ужин.

МЫТЬ НСВ (мо́ю, мо́ешь) **вы́мыть СВ** + кого-что(4)	씻다	올바르게 손 씻는 법을 아이에게 가르치세요.
МЫ́ТЬСЯ НСВ (мо́юсь, -бешься)	씻다	네가 전화했을 때 나는 씻고 있어서 네 전화를 받을 수가 없었어.
МЯ́ГКИЙ -ая, -ое, -ие [비교급 мя́гче]	부드러운	나의 여동생에게는 부드러운 장난감이 아주 많다.
МЯ́СО 단수만	고기	어떤 걸로 하시겠어요? 고기로 드릴까요, 생선으로 드릴까요?
МЯЧ	공	방에서 공을 가지고 놀지 마라. 창문을 깰 수 있어.

| П Р С Т У Ф Х Ц Ч Ш Щ Ъ Ы Ь Э Ю Я |

Научите детей правильно **мыть** руки.

Когда ты звонил, я **мылся**, поэтому я не смог ответить на звонок.

У моей младшей сестры очень много **мягких** игрушек.

Что вы возьмёте? **Мясо** или рыбу?

Не играй с **мячом** в комнате, ты можешь разбить окно.

Н

на		
1) где(6)	1) (장소)~에서	어제 나는 전시회에 갔었다.
2) на чём(6)	2) ~을 타고	나는 뜨람바이를 타고 은행에 다녀왔다.
3) когда (на чём(6))	3) (시간)~에	지난주에 나는 오랜 친구와 만났다.
4) куда(на что(4))	4) (방향)~로	내일 아침에 나는 평소대로 출근할 것이다.
5) на ско́лько вре́мени	5) (시간)~동안	이반 뻬뜨로비치는 5분간 외출하셨습니다. 나중에 다시 전화하세요.

наблюда́ть НСВ I + что(4) 혹은 за кем-чем(5)	관찰하다	나는 어린아이들이 어떻게 축구를 하는지 오랫동안 관찰했다.
наве́рное	아마도	- 올렉은 왜 수업에 오지 않았습니까? - 아마 아팠던 것 같습니다.
наве́рх	위로	이 책을 위에 꽂아라.
наверху́	위에	누구의 가방이 위쪽에 놓여 있습니까?
навеща́ть НСВ I навести́ть* СВ + кого́(4)	방문하다	사샤는 지금 병원에 있어. 병문안을 가야 할 것 같아.
навсегда́	영원히	나는 이 사람을 영원히 잊고 싶다.

1) Вчера я был **на** выставке.
2) Я ездил в банк **на** трамвае.
3) **На** прошлой неделе я встречался со своими старыми друзьями.
4) Завтра утром я, как обычно, пойду **на** работу.
5) Иван Петрович вышёл **на** 5 минут, перезвоните позже.

Я очень долго **наблюдал**, как маленькие дети играли в футбол.

– Почему Олег не пришёл на урок?
– Он, **наверное**, болен.

Поставь эти книги **наверх**.

Чья сумка лежит **наверху**?

Саша сейчас в больнице. Я думаю, мы должны **навестить** его.

*навести́ть (наве*щу́*, -*ести́шь*)

Я хочу **навсегда** забыть этого человека.

А Б В Г Д Е Ё Ж З И Й К Л М Н О

навстре́чу 부 + кого-чего(4)	~를 향해서, ~쪽으로	모르는 사람이 나를 향해 걸어왔다.
награ́да	상, 훈장	전쟁에서 나의 할아버지는 많은 훈장을 받았다.
над + кем-чем(5)	~위에	책상 위에 나의 가족 사진이 놓여 있다.
надева́ть НСВ I наде́ть СВ (наде́ну, -е́нешь) + что(4) + на кого(4)	입다, 입히다	밖에는 추웠고, 아버지는 어린 아들에게 모자를 씌워 주었다.
наде́жда	희망, 소망	희망은 마지막에 죽는다.
наде́яться НСВ (наде́юсь, -е́ешься) + на кого-что(4)	바라다, 희망하다	나는 내일 날씨가 좋기를 바란다.
на́до + инф	해야 한다	이가 아프면 너는 병원에 가야 한다.
надо́лго	오래, 장기간 예정으로	너는 유라가 장기간 모스끄바에 간 것을 아니?

П Р С Т У Ф Х Ц Ч Ш Щ Ъ Ы Ь Э Ю Я

Незнакомый человек шёл мне **навстречу**.

На войне мой дед получил много **наград**.

Над столом висит фотография моей семьи.

На улице было холодно, и отец **надел** шапку на своего маленького сына.

Надежда умирает последней.

Я очень **надеюсь**, что завтра будет хорошая погода.

Если у тебя болит зуб, тебе **надо** сходить в больницу.

Ты не знаешь, Юра **надолго** уехал в Москву?

наза́д	뒤로	이 집은 다른 거리에 있으니 당신은 되돌아가야 합니다.
назва́ние	제목, 명칭	나는 네가 이야기해 준 영화의 제목을 잊어버렸다.
называ́ть HCB I назва́ть CB (назову́, -зовёшь) + кого́(4) + как(кем-чем(5))	명명하다, 부르다	당신은 아이의 이름을 뭘로 지었으면 합니까?
называ́ться HCB I	명명되다, 불리다	이 대학의 이름은 무엇입니까?
наибо́лее	가장, 특히, 제일	러시아어를 학습하는 가장 효과적인 방법은 러시아에서 배우는 것이다.
наизу́сть	외워서	당신은 이 시를 외워야 합니다.
наконе́ц	결국	우리는 아주 오랫동안 택시를 기다렸고, 마침내 택시가 왔다.
нале́во	왼쪽으로	꽃집 옆에서 왼쪽으로 돌아 곧장 가세요.
намно́го	훨씬	영화를 보는 것보다 책을 보는 것이 더 재미있다.

ПРСТУФХЦЧШЩЪЫЬЭЮЯ

Этот дом находится на другой улице, вам нужно вернуться **назад**.

Я забыл **название** фильма, о котором ты мне говорил.

Как вы хотите **назвать** своего сына?

Как **называется** ваш университет?

Наиболее эффективный способ изучать русский язык – изучать его в России.

Вам нужно выучить это стихотворение **наизусть**.

Мы очень долго ждали такси, и, **наконец**, оно приехало.

Около магазина цветов поверните **налево** и идите прямо.

Читать книги **намного** интереснее, чем смотреть фильмы.

наоборо́т	거꾸로, 반대로	봐. 너는 셔츠를 거꾸로 입었어.
напомина́ть **НСВ** I напо́мнить **СВ** II + кому(3) + о ком-чём(6)	상기시키다	이 노래는 나의 어린 시절을 상기시켰다.
направле́ние	방향	어느 방향으로 가야 합니까?
напра́во	오른쪽으로	당신은 다른 곳에서 우회전을 하셨습니다.
наприме́р	예를 들면	예를 들어 세르게이 에세닌처럼 많은 러시아 시인들이 러시아의 자연에 대해 썼다.
напро́тив	반대로, 맞은 편에	우리 집 맞은편에 새 카페가 문을 열었다.
наро́д	민중, 민족	광장에 군중이 모였다.
наро́дный -ая, -ое, -ые	민중의, 민족의	아무나 러시아 민요를 불러 주세요.
населе́ние	인구	서울의 인구는 약 1,200만명이다.

Посмотри, ты надел рубашку **наоборот**.

Эта песня **напомнила** мне о моём детстве.

В каком **направлении** нам нужно идти?

Вы повернули **направо** не в том месте.

Многие русские поэты, **например**, Сергей Есенин, писали о русской природе.

Напротив моего дома открыли новое кафе.

На площади собрался **народ**.

Спой мне, пожалуйста, какую-нибудь русскую **народную** песню.

Население Сеула около 12 миллионов человек.

А Б В Г Д Е Ё Ж З И Й К Л М Н О

насколько	어느 만큼, 어느 정도	내가 알기로 그는 얼마 전에 왔다.
насморк	코감기	나는 머리가 조금 아프고 코감기가 심하다.
настроение	기분, 상태	밖에는 날씨가 화창하고, 나는 기분이 매우 좋다.
наступать НСВ I наступить СВ II	(계절 등이) 오다, 되다	가을이 왔다.
наука	학문, 과학	나의 아버지는 항상 과학의 발전을 놀라워했다.
научный -ая, -ое, -ые	학문의, 과학의	기후 온난화는 학술적인 문제만이 아니라 사회적인 문제이기도 하다.
находить НСВ (нахожу, -одишь) найти* СВ + кого- что(4)	찾다, 찾아내다	나는 집 주위를 돌아보았지만 입구를 찾지 못했다.
находиться НСВ II + где(6)	위치하다, 있다	극장은 멀지 않은 곳에 있어서 우리는 걸어서 갈 수 있다.

П Р С Т У Ф Х Ц Ч Ш Щ Ъ Ы Ь Э Ю Я

Насколько я знаю, он приехал недавно.

У меня немного болит голова и сильный **насморк**.

На улице прекрасная погода, и у меня отличное **настроение**.

Наступила осень.

Мой отец всегда удивлялся развитию **науки**.

Потепление климата – это проблема не только **научная**, но и общественная.

Я обошёл вокруг дома, но не **нашёл** вход.

*найти́ (най*ду́, -дёшь*; 🔴 нашёл, нашла́, нашли́)

Театр **нахо́дится** не очень далеко, мы можем дойти пешком.

А Б В Г Д Е Ё Ж З И Й К Л М **Н** О

национа́ль- ность 여	민족, 국적; 국민성	당신의 국적은 어디입니까?
национа́льный -ая, -ое, -ые	민족의; 민족적인	당신은 국가의 가사를 아십니까?
нача́ло	시작, 처음	4월 초에 나는 러시아에 갈 것이다.
начина́ть НСВ I нача́ть СВ (начну́, -чнёшь) + что(4) 혹은 инф НСВ	시작하다	나는 대학을 졸업한 뒤 모스끄바로 가 서 취업했다.
начина́ться НСВ I нача́ться* СВ	시작되다	영화는 몇 시에 시작합니까?
наш -а, -е, -и	우리의	우리 반에는 여러 나라에서 온 학생 들이 공부하고 있다.
не́бо [복 небеса́]	하늘	하늘의 무지개에 관한 아름다운 전설 이 많은 나라들에 있다.
неве́ста	약혼녀, 신부	신랑과 신부는 반지를 교환했다.
невозмо́жно	불가능하다	외국어를 몇 달 만에 배우는 것은 불 가능하다.

П Р С Т У Ф Х Ц Ч Ш Щ Ъ Ы Ь Э Ю Я

Кто вы по **национальности**?

Вы знаете слова своего **национального** гимна?

В **начале** апреля я поеду в Россию.

Я закончил университет, поехал в Москву и **начал** работать.

Во сколько **начинается** фильм?

*нача́ться (начнётся, -чну́тся)

В **нашей** группе учатся студенты из разных стран.

Во многих странах есть красивая легенда, связанная с радугой в **небе**.

Жених и **невеста** обменялись кольцами.

Невозможно выучить иностранный язык за несколько месяцев.

А Б В Г Д Е Ё Ж З И Й К Л М **Н** О

не́где + инф	(무엇을 할) 장소가 없다	내가 살 곳이 정말로 없다.
неда́вно	최근에	얼마 전 따냐는 가족과 함께 이탈리아로 이주했다.
недалеко́	가까이	우리 집 가까이에 새 콘서트홀이 문을 열었다.
неде́ля	주일, 주	내일은 새 근무 주가 시작된다.
незави́симость 여 단수만	독립	독립 기념일은 미국에서 큰 국경일이다.
не́когда	(무엇을 할) 시간이 없다	시간이 없어서 지금은 너와 이야기할 수가 없다.
не́который	어떤, 약간	몇몇 학생들은 아직 나에게 숙제를 제출하지 않았다.
не́куда + инф	(어디로 갈) 곳이 없다	강의실에는 내가 앉을 자리가 없을 정도로 사람이 정말 많았다.
нельзя́ + инф	~해서는 안 된다, ~할 수 없다	학생들에게 소리를 질러서는 안 된다.
неме́дленно	당장, 즉시	네 여동생에게 당장 사과해라.

П Р С Т У Ф Х Ц Ч Ш Щ Ъ Ы Ь Э Ю Я

Мне совершенно **негде** жить.

Недавно Таня переехала с семьёй во Францию.

Недалеко от моего дома открылся новый концертный зал.

Завтра начинается новая рабочая **неделя**.

День **независимости** – большой праздник в США.

Я не могу с тобой сейчас разговаривать, потому что мне **некогда**.

Некоторые студенты ещё не показали мне домашнее задание.

В аудитории было так много людей, что мне **некуда** было сесть.

Нельзя кричать на студентов.

Немедленно извинись перед своей сестрой.

не́мец [복 не́мцы]	독일 남자	– 미하일 슈마허는 어느 나라 사람입니까? – 그는 독일 사람입니다.
неме́цкий -ая, -ое, -ие	독일(인)의	나의 어머니는 학창 시절에 독일어를 배웠다.
не́мка	독일 여자	당신은 독일인입니까?
необходи́мо + инф	필수적이다, 필요하다	당신은 이 설문지를 작성해야 합니다.
необыкнове́нный -ая, -ое, -ые	평범하지 않은, 비범한	저녁 식사는 정말 특별했다.
неожи́данно	우연히, 뜻밖에	나는 우연히 옆방에서 나는 큰 소리를 들었다.
непреры́вно	연속적으로, 끊임없이	러시아어로 말하려면 러시아어를 계속 공부해야 한다.
неприя́тность 여	불쾌한 일, 싫은 일	나에게 불쾌한 일이 일어났다. 나는 여권과 돈을 잃어버렸다.
не́рвный -ая, -ое, -ые	신경(성)의, 신경질적인	예고르에게 무슨 일이 있니? 최근에 그는 아주 신경질적이야.

П Р С Т У Ф Х Ц Ч Ш Щ Ъ Ы Ь Э Ю Я

– Кто Михаэль Шумахер по национальности?
– Он - **немец**.

В школе моя мама учила **немецкий** язык.

Вы **немка**?

Вам **необходимо** заполнить эту анкету.

Ужин был просто **необыкновенным**.

Неожиданно я услышал громкий звук в соседней комнате.

Чтобы хорошо говорить по-русски, нужно заниматься русским языком **непрерывно**.

Со мной случилась **неприятность**: я потерял паспорт и деньги.

Что случилось с Егором? Он очень **нервный** в последнее время.

А Б В Г Д Е Ё Ж З И Й К Л М Н О

не́сколько	여러, 몇몇	이 단어에는 여러 가지 의미가 있다.
несмотря́ на + что(4)	~에도 불구하고	피곤했음에도 불구하고, 나는 텍스트 번역을 계속했다.
нести́* НСВ + что(4) + куда	들고 가다	너는 이 책을 어디로 들고 가니?
несча́стный -ая, -ое, -ые	불행한	언젠가 내 인생에 불행한 사랑이 있었다.
несча́стье	불행	그녀의 가족에게 큰 불행이 일어났다.
нет	아니오, 없다	1) 아니오, 모릅니다. 2) 나에게는 형제가 없다. 3) 그는 집에 없다.
не то́лько..., но и...	~뿐만 아니라 ~도	바다에서는 수영뿐만 아니라 일광욕도 할 수 있다.
неуже́ли	정말로, 참으로	정말 그가 안 왔습니까?
нефть 여	석유	러시아는 많은 나라에 석유를 판다.
не́чего + инф	(~할) 것이 없다	나는 할 일이 없다.

П Р С Т У Ф Х Ц Ч Ш Щ Ъ Ы Ь Э Ю Я

У этого слова есть **несколько** значений.

Несмотря на усталость, я продолжил переводить текст.

Куда ты **несёшь** эти книги?
*нести́ (несу́, несёшь; нёс, несла́, несли́)

Однажды в моей жизни была **несчастная** любовь.

В её семье случилось большое **несчастье**.

1) **Нет**, я не знаю.
2) У меня **нет** брата.
3) Его **нет** дома.

На море можно **не только** плавать, **но и** загорать.

Неужели он не пришёл?

Россия продаёт **нефть** в разные страны.

Мне **нечего** делать.

А Б В Г Д Е Ё Ж З И Й К Л М Н О

ни	하나도	학생이 한 명도 오지 않았다.
нигде́	아무데도 ~않는다, 없다	너는 벌써 도시에 한 달을 살았는데 아직 아무 데도 가보지 않았어.
ни́зкий -ая, -ое, -ие [비교급 ни́же]	낮은, 키가 작은	나는 내 형보다 키가 작다.
ни́жний -яя, -ее, -ие [비교급 ни́же]	(위치적으로) 아래에 있는	나는 낮은 층의 새 아파트를 사고 싶다.
никако́й -ая, -ое, -ие	아무런 ~도 아닌	나는 다른 나라를 방문할 기회가 전혀 없었다.
никогда́ не	한 번도 ~한 적이 없다	나는 전에 한 번도 이 작가에 대해 들은 적이 없다.
никто́ не	아무도 ~하지 않는다	나는 여러 번 물어봤지만 아무도 내게 대답하지 않았다.
никуда́ не	아무 데도 ~하지 않는다	오늘은 아무 데도 가고 싶지가 않아.
ничего́ не	아무것도 ~하지 않는다	아무것도 잊혀지지 않았다.

П Р С Т У Ф Х Ц Ч Ш Щ Ъ Ы Ь Э Ю Я

Ни один студент ни пришёл.

Ты уже месяц живёшь в городе и ещё **нигде** не бывал.

Я **ниже** моего брата.

Я хочу купить новую квартиру на **нижних** этажах.

У меня не было **никакой** возможности посетить другие страны.

Я **никогда** раньше **не** слышал об этом писателе.

Я несколько раз спрашивал, но **никто** мне **не** отвечал.

Сегодня **никуда** не хочется идти.

Ничего не забыто.

А Б В Г Д Е Ё Ж З И Й К Л М Н О

ниче́й	누구의 것도 아닌	이 우산 가져가도 돼. 누구의 것도 아니야(주인이 없어).
но	그러나	우리는 무척 서둘렀지만 소풍에 늦었다.
нового́дний -яя, -ее, -ие	새해의	나는 너를 우리 송년 파티에 초대하고 싶어.
но́вость 여	소식	너는 옥사나에 대한 소식을 들었니?
но́вый -ая, -ое, -ые	새로운	어제 파티에 우리 새 이웃이 왔다.
нога́	다리	어제 나는 길에서 넘어져 오늘 다리가 아프다.
нож	칼	어린아이들이 혼자서 칼을 사용하면 안 된다.
ноль	0	오늘 밖에는 0도이다.
но́мер	번호; 객실; (잡지의) 호	내 전화번호를 적으세요.
норма́льно	괜찮게, 보통으로; 괜찮다, 보통이다	대학에서 나는 항상 공부를 꽤 (잘)했다.

Ты можешь взять этот зонт, он **ничей**.

Мы очень спешили, **но** опоздали на экскурсию.

Я хочу пригласить тебя на наш **новогодний** праздник.

Ты слышал **новость** про Оксану?

Вчера на вечер пришли наши **новые** соседи.

Вчера я упал на улице, и сегодня у меня болит **нога**.

Маленькие дети не должны пользоваться **ножом** самостоятельно.

Сегодня на улице **ноль** градусов.

Запишите, пожалуйста, мой **номер** телефона.

В университете я всегда учился **нормально**.

А Б В Г Д Е Ё Ж З И Й К Л М Н О

нос	코	나는 내 코가 마음에 안 든다.
носи́ть НСВ (ношу́, но́сишь) + что(4)	들고 가다; 입고 있다	네 가방은 정말 무거워! 가방 안에 뭘 가지고 다니니?
носки́ 복 [단 носо́к] [단생 носка́]	양말	매일 아침 나는 양말 한 짝을 찾는다.
ночно́й -ая, -ое, -ые	밤의	밤 시간의 산책은 이 지역에선 위험할 수 있다.
ночь 여	밤	나는 밤새 시험 준비를 했다.
но́чью	밤에	나는 조용하고 평온한 밤에 공부하는 게 좋다.
ноя́брь	11월	나는 너와 11월에 알게 되었다.
нра́виться* НСВ понра́виться СВ + кому(3) + инф	맘에 들다, 좋아하다	그는 하바롭스끄가 좋아지기 시작했다.
ну	자, 아무튼, 그래서	아무튼, 어떻게 쉬었니?

| П | Р | С | Т | У | Ф | Х | Ц | Ч | Ш | Щ | Ъ | Ы | Ь | Э | Ю | Я |

Мне не нравится мой **нос**.

У тебя такая тяжёлая сумка! Что ты там **носишь**?

Каждое утро я ищу свой второй **носок**.

Прогулка в **ночные** часы в этом районе может быть опасной.

Я готовился к экзамену всю **ночь**.

Я люблю заниматься **ночью**, когда всё тихо и спокойно.

Мы познакомились с тобой в **ноябре**.

Хабаровск начал ему **нравиться**.

*нра́виться (нра́влюсь, -вишься)

Ну, как отдохнул?

А Б В Г Д Е Ё Ж З И Й К Л М **Н** О

ну́жен нужна́, ну́жно, нужны́	필요하다	이렇게 큰 돈은 필요 없어요.
ну́жно + инф	~할 필요가 있다	나는 이 책을 도서관에 반납해야 한다.

Такие большие деньги мне не **нужны**.

Мне **нужно** вернуть эти книги в библиотеку.

O

о, об (обо) + ком-чём(6)	~에 대해	자신의 부모님에 대해 이야기하세요.	
обед	점심 식사	점심 식사 가세요?	
обедать НСВ I пообедать СВ I	점심 식사하다	부장님은 자리에 안 계세요. 점심 식사 하고 계세요.	
обещать НСВ I пообещать СВ I + кому(3) + инф	약속하다	약속한 것은 해야 한다.	
обижать НСВ I обидеть СВ (*обижу, -йдишь*) + кого(4)	화나게 하다	나는 너랑 이야기하고 싶지 않아. 너 때문에 화 났어.	
обижаться НСВ I обидеться* + на кого-что(4)	화를 내다	나는 까쨔에게 그녀가 만든 샐러드가 썩 맛있지 않았다고 말했다. 그래서 그녀가 화가 난 것 같다.	
обладать НСВ I + чем(5)	소유하다	여자는 예뻐야 하고 유머 감각도 있어야 한다고 생각한다.	
облако	구름	오늘은 하늘에 구름이 많다.	
область 여	지역, 주	내 친구는 아무르 주 출신이다.	

Расскажи мне **о** своих родителях.

Вы идёте на **обед**?

Директора нет у себя, он **обедает**.

Нужно делать то, что **обещал**.

Я не хочу с тобой разговаривать – ты меня **обидел**.

Я сказал Кате, что её салат был не очень вкусный, и, по-моему, она **обиделась**.

*обидеться (оби́жусь, -и́дишься)

Я думаю, что девушка должна быть не только красивой, но и **обладать** чувством юмора.

Сегодня на небе много **облаков**.

Мой друг из Амурской **области**.

обме́н	교환	하나는 곧 교환학생 프로그램으로 러시아에 간다.
образе́ц [단생 образца́]	모형, 견본	집에서 이 연습문제를 풀 때 예시를 주의 깊게 읽으세요.
образова́ние 단수만	교육	레나는 기술교육을 받고 엔지니어가 되었다.
обра́тно	뒤로, 원래대로, 거꾸로	이 티셔츠가 네 마음에 들지 않는다면 매장에 가져가 바꿀 수 있다.
обраща́ть HCB I обрати́ть CB (обращу́, -ати́шь) + на кого-что(4)	(방향을) 돌리다, 놓다	이 그림에 주목하세요.
обраща́ться HCB I обрати́ться* CB + к кому(3)	향하다, 대하다	법률 상담은 전문가에게 하는 것이 좋다.
обсужда́ть HCB I обсуди́ть* CB + что(4)	토론, 논의 하다	회의에서는 중요한 학술적인 문제를 논의했다.

П Р С Т У Ф Х Ц Ч Ш Щ Ъ Ы Ь Э Ю Я

Хана скоро поедет в Россию по программе студенческого **обмена**.

Когда будете дома делать это упражнение, внимательно прочитайте **образец**.

Лена получила техническое **образование** и стала инженером.

Если тебе не нравится эта футболка, её можно вернуть **обратно** в магазин.

Обратите внимание на эту картину.

За юридической консультацией лучше **обратиться** к специалисту.

*обратиться (*обращу́сь, -ати́шься*)

На конференции **обсуждали** важные научные вопросы.

*обсуди́ть (*обсужу́, -у́дишь*)

А Б В Г Д Е Ё Ж З И Й К Л М Н О

о́бувь 여 **단수만**	신발	이 가게에서는 좋은 품질의 이탈리아 신발을 판매한다.
обуча́ть НСВ I обучи́ть СВ II + кого́(4) + чему́(3)	교육시키다	학교에서는 우리에게 프랑스어를 가르치지 않았다.
обуче́ние	교육	이 학교의 교육은 무상이다.
обходи́ть НСВ II (обхожу́, -о́дишь) обойти́* СВ + кого́-что́(4) 혹은 вокру́г чего́(2)	우회하다, 피하다; 주위를 걷다; 추월하다	나는 큰 웅덩이를 피해 돌아서 갔다.
общежи́тие	기숙사	대학원생 기숙사는 우리 학부에서 가까운 곳에 있다.
обще́ственный -ая, -ое, -ые	사회의, 사회적인	ФМР(러시아 이민자 연합)은 이주민들이 러시아어를 공부하고 교육을 받을 수 있도록 도와주는 러시아 사회단체이다.
о́бщество	사회	TV는 현대사회에서 큰 역할을 한다.
о́бщий -ая, -ее, -ие	공동의; 전반적인	나와 그는 많은 공통점이 있다.

| П | Р | С | Т | У | Ф | Х | Ц | Ч | Ш | Щ | Ъ | Ы | Ь | Э | Ю | Я |

В этом магазине продают качественную итальянскую **обувь**.

В школе нас не **обучали** французскому языку.

Обучение в этой школе бесплатное.

Я **обошёл** большую лужу.

*обойти (обо*йду*, -*йдёшь*; ⓟ обошёл, обошла́, обошли́)

Общежитие для аспирантов находится недалеко от нашего факультета.

ФМР(Федерация мигрантов России) – российская **общественная** организация, помогающая мигрантам в изучении русского языка и получении образования.

Телевидение играет большую роль в современном **обществе**.

У нас с ним много **общего**.

А Б В Г Д Е Ё Ж З И Й К Л М Н **О**

объединя́ть НСВ I объедини́ть СВ II + кого-что(4)	결합하다; 통일하다	한국 학생들을 모두 한 그룹으로 묶었다.
объявле́ние	공고; 주장	신문에 광고를 해야 한다.
объявля́ть НСВ I объяви́ть СВ (объявлю́, -я́вишь) + о чём(6)	널리 알리다	라디오에서 내일 버스가 운행을 하지 않는다고 알렸다.
объясне́ние	설명, 해명	이 규칙에 대한 아주 명확한 설명이 교재에 있다.
объясня́ть НСВ I объясни́ть СВ II + кому(3) + что(4)	설명하다, 해명하다	아가씨가 다시 한 번 길을 설명해 달라고 부탁했다.
обыкнове́нный -ая, -ое, -ые	평범한, 보통의	나에게 이 책은 매우 평범한 것이었다.
обы́чай	풍습, 풍속	다른 나라 사람을 잘 이해하기 위해서는 그들의 전통과 풍습을 잘 알아야 한다.

П Р С Т У Ф Х Ц Ч Ш Щ Ъ Ы Ь Э Ю Я

Всех корейских студентов **объединили** в одну группу.

Надо дать **объявлению** в газету.

По радио **объявили**, что завтра автобусы ходить не будут.

В учебнике очень понятное **объяснение** этого правила.

Девушка попросила **объяснить** дорогу ещё раз.

Книга показалась мне самой **обыкновенной**.

Чтоб хорошо понимать людей из другой страны, нужно хорошо знать их традиции и **обычаи**.

А Б В Г Д Е Ё Ж З И Й К Л М Н **О**

обы́чно	보통, 일반적으로	보통 나는 9시에 집에서 나온다.
обы́чный -ая, -ое, -ые	보통의, 통례의	나는 도시의 일반적인 아파트 중 하나에 살고 있다.
обя́зан **형단** -а, -ы	의무가 있다	나는 너에게 설명을 해야 할 이유가 없어.
обяза́тельно	반드시, 꼭	꼭 갈게.
о́вощи **복수만**	채소	어렸을 때 나는 채소 먹는 것을 싫어했다.
овощно́й -ая, -ое, -ые	채소의, 채소로 만든	채소 수프 요리법은 어디서 찾지?
овца́ [**복생** ове́ц]	양	나의 할아버지의 농장에는 양이 많이 있다.
ого́нь **단수만** [**생** огня́]	불	아이들은 모닥불 옆에 조용히 앉아 불을 바라보았다.
огро́мный -ая, -ое, -ые	거대한	우리는 거대한 세상에 산다.
огуре́ц [**단생** огурца́]	오이	나는 토마토와 오이로 만든 샐러드를 좋아한다.

П Р С Т У Ф Х Ц Ч Ш Щ Ъ Ы Ь Э Ю Я

Обычно я выхожу из дома в 9 часов.

Я живу в одной из **обычных** городских квартир.

Я не **обязан** ничего тебе объяснять.

Я **обязательно** приду.

В детстве я не любил есть **овощи**.

Где найти рецепты **овощных** супов?

На ферме моего дедушки живёт много **овец**.

Дети сидели тихо у костра и смотрели на **огонь**.

Мы живём в **огромном** мире.

Мой любимый салат из помидоров и **огурцов**.

одева́ть HCB I оде́ть* CB + кого́(4)	입히다	네 동생 옷 입히는 걸 도와줘.
одева́ться HCB I оде́ться* CB	입다	스베따는 항상 예쁘고 유행하는 옷을 입는다.
оде́жда **단수만**	옷	넌 이제 여자 옷을 이 온라인 가게에서 사니?
оди́н одна́, одно́, одни́	하나, 하나의	우리 집에는 고양이가 한 마리가 있다.
одина́ковый -ая, -ое, -ые	같은, 동일한	스베따와 까쨔는 파티에 똑같은 드레스를 입고 왔다.
оди́ннадцать	11	너는 11시에 집에 있어야 한다.
одна́жды	어느 날, 한 번	언젠가 나는 베를린에 갔다 왔다.
одна́ко	하지만, 그래도	나는 정말 이 영화를 보러 가고 싶었으나, 시간이 전혀 없었다.
о́зеро	호수	바이칼 호는 세계에서 가장 깊은 호수다.

П С С Т У Ф Х Ц Ч Ш Щ Ъ Ы Ь Э Ю Я

Помоги мне **одеть** твоего брата.

*оде́ть (оде́ну, -е́нешь)

Света всегда очень красиво и модно **одевается**.

*оде́ться (оде́нусь, -е́нешься)

Теперь ты покупаешь женскую **одежду** в этом интернет-магазине?

У нас дома **одна** кошка.

Света и Катя пришли на вечеринку в **одинаковых** платьях.

Ты должен быть дома в **одиннадцать** часов.

Однажды я уже был в Берлине.

Я очень хотел пойти на этот фильм, **однако** у меня совсем не было времени.

Озеро Байкал самое глубокое **озеро** в мире.

А Б В Г Д Е Ё Ж З И Й К Л М Н О

ока́зываться[1] **НСВ** I оказа́ться* **СВ** + где(6)	(있게) 되다	너 어떻게 여기에 있니?
ока́зываться[2] **НСВ** I оказа́ться* **СВ** + каким(5)	~로 인정· 확인되다, 밝혀지다	일리야는 아주 좋지는 않은 사람으로 밝혀졌다.
ока́нчивать **НСВ** I око́нчить **СВ** II + что(4)	마치다, 끝내다	당신은 무슨 학교를 나왔습니까?
ока́нчиваться **НСВ** I око́нчиться **СВ** II	끝나다	회의는 늦게 끝났다.
океа́н	대양	나는 태평양 연안 도시에 살고 있다.
окно́ [복생 о́кон]	창문	창문을 봐! 눈이 와!
о́коло + кого́-чего́(2)	옆에, 근처에	우리 집 근처에 큰 문구점이 문을 열 었다.
оконча́ние	종료, 완결; 어미	이야기의 결말을 생각해 내서 써 보 세요.

П Р С Т У Ф Х Ц Ч Ш Щ Ъ Ы Ь Э Ю Я

Как ты здесь **оказался**?

*оказа́ться (*окажу́сь, -ка́жешься*)

Илья **оказался** не очень хорошим человеком.

*оказа́ться (*окажу́сь, -ка́жешься*)

Какой университет вы **окончили**?

Собрание **окончилось** поздно.

Я живу в городе на берегу Тихого **океана**.

Посмотри в **окно**! Снег идёт!

Около моего дома открылся большой канцелярский магазин.

Придумайте и напишите **окончание** рассказа.

октя́брь 🔵	10월	10월에 서울 날씨는 아주 좋다.
он, она́, оно́, они́	그, 그녀, 그것, 그들	그는 나의 좋은 친구이다.
опа́здывать **НСВ** I опозда́ть **СВ** I + куда(4)	지각하다, 늦다	시내에 정체가 심해서 우리는 모두 오페라에 늦었다.
опа́сно	위험하다	빨간불에 길을 건너는 것은 위험하다.
опа́сность 🟢	위험	현대사회에서 환경은 위험에 처해 있다.
опа́сный -ая, -ое, -ые	위험한	그런 생각은 사회적으로 위험하다.
о́пера	오페라	어제 나는 처음으로 오페라를 봤는데, 정말 좋았다.
опера́ция	수술, 작전, (거래·매매 등의) 사무	당신은 수술이 시급합니다.
опи́сывать **НСВ** I описа́ть* **СВ** + кого-что(4)	묘사하다	당신이 좋아하는 영화배우의 외모를 묘사해 보세요.

П Р С Т У Ф Х Ц Ч Ш Щ Ъ Ы Ь Э Ю Я

В **октябре** в Сеуле ещё хорошая погода.

Он – мой хороший друг.

В городе были большие пробки и мы все **опоздали** на оперу.

Переходить дорогу на красный свет – **опасно**.

В современном мире экология находится в **опасности**.

Такая мысль социально **опасна**.

Вчера я первый раз слушал **оперу**, и мне очень понравилось.

Вам срочно нужна **операция**.

Опишите внешность вашего любимого киноактёра.

*описа́ть (оп*ишу́*, -*и́шешь*)

оптими́ст	낙천가, 태평한 사람	그는 낙천적인 사람이라 항상 다 잘 될 거라 생각한다.
о́пыт	경험, 실험	나는 갓 대학을 졸업해서 아직 업무 경험이 없다.
о́пытный -ая, -ое, -ые	경험 있는, 숙련된	이리나 블라지미로브나는 우리 대학에서 가장 경험 많은 선생님 중 한 명이다.
опя́ть	다시	왜 다른 침대에 또 책과 공책이 놓여 있지?
организа́ция	조직, 기관	당신은 우리 공연 기획을 도와주지 않으시겠습니까?
организова́ть **СВ и НСВ** (организу́ю, -зу́ешь) + что(4)	조직하다, 설립하다	나는 나의 학생들과 유명한 작가와의 만남을 주선했으면 한다.
оригина́льный -ая, -ое, -ые	독창적인, 본래의	이 박물관에서 나는 많은 진품을 보았다.
ору́жие **단수만**	무기	모든 나라가 핵무기를 가지고 있지는 않다.

П Р С Т У Ф Х Ц Ч Ш Щ Ъ Ы Ь Э Ю Я

Я – **оптимист**, и всегда думаю, что всё будет хорошо.

Я только окончил университет, и у меня ещё нет **опыта** работы.

Ирина Владимировна – один из самых **опытных** преподавателей в нашем университете.

Почему на второй кровати **опять** лежат книги и тетради?

Вы не могли бы нам помочь в **организации** концерта?

Я хотел бы **организовать** встречу моих студентов с известным писателем.

В этом музее я увидел много **оригинальных** вещей.

Не все страны имеют атомное **оружие**.

освобожда́ть НСВ I освободи́ть* СВ II + кого-что(4)	해방시키다, 비우다	우리는 강의실을 비워 줘야 한다. 왜냐하면 곧 여기에서 수업이 하나 더 있기 때문이다.
осе́нний -яя, -ее, -ие	가을의	나는 가을 숲을 산책하는 것이 좋다.
о́сень 📷	가을	시험은 가을로 연기됐다.
о́сенью	가을에	가을에 많은 새들이 남쪽으로 날아간다.
осма́тривать НСВ I осмотре́ть СВ II + кого-что(4)	훑어보다	나에게는 며칠밖에 없어서 도시 전체를 다 둘러볼 시간이 없었다.
основа́тель	창립자, 건설자	미하일 바실리예비치 로모노소프는 모스끄바 대학 설립자이다.
основа́ть СВ I + что(4)	창립·창시·개설·건설하다	블라지보스또끄는 1863년에 건설되었다.
основно́й -ая, -ое, -ые	근본의, 근본적인	당신의 기본적인 직장은 어디입니까?

П Р С Т У Ф Х Ц Ч Ш Щ Ъ Ы Ь Э Ю Я

Мы должны **освободить** аудиторию, так как сейчас здесь будет ещё один урок.

*освободи́ть (освобожу́, -боди́шь)

Мне нравится гулять по **осеннему** лесу.

Экзамены перенесли на **осень**.

Осенью многие птицы улетают на юг.

У меня было всего несколько дней, поэтому я не успел **осмотреть** весь город.

Михаил Васильевич Ломоносов – **основатель** Московского университета.

Город Владивосток **основали** в 1863 году.

Какое ваше **основное** место работы?

А Б В Г Д Е Ё Ж З И Й К Л М Н О

осо́бенно	특히	모두 맛있었지만 이 음식이 특히 마음에 들었습니다.
осо́бенность 여	특성, 특수성	학생들은 «현대 러시아 경제의 특성»을 주제로 보고서를 작성했다.
осо́бый -ая, -ое, -ые	특수한, 독특한	그에게는 독특한 습관이 있었다.
оставля́ть HCB I оста́вить CB (оста́влю,-вишь) + кого-что(4)	남기다, 두고 가다	내 안경을 너네 집 책상에 두고 온 것 같아.
остава́ться* HCB I оста́ться** CB + где(6)	남다	오늘 저녁에 아무 데도 가지 말고 집에 있자.
остально́й -ая, -ое, -ые	나머지의, 다른	나머지 단어들은 집에서 혼자 읽으세요.
остана́вливать HCB I останови́ть* CB II + кого-что(4)	멈추다, 멈추게 하다	나는 손을 들어 택시를 세웠다.

П Р С Т У Ф Х Ц Ч Ш Щ Ъ Ы Ь Э Ю Я

Всё было очень вкусно, но это блюдо мне понравилось **особенно**.

Студенты писали рефераты на тему «**Особенности** современной экономики России».

У него была **особая** манера.

Мне кажется, я **оставил** свои очки у тебя на столе.

Давай сегодня вечером никуда не пойдём и **останемся** дома.

*остава́ться (остаю́сь, -таёшься)
**оста́ться (ост́анусь, -а́нешься)

Остальные слова прочитайте дома самостоятельно.

Я поднял руку и такси **остановилось**.

*останови́ть (остановлю́, -о́вишь)

А Б В Г Д Е Ё Ж З И Й К Л М Н О

остана́вли-ваться НСВ I останови́ться* СВ II + где(6)	멈추다	이 호텔이 어디에 있는지 아무나 멈추고 물어보자.
остано́вка [복생] остано́вок]	정류장	어떤 정류장에서 내리세요?
осторо́жно	조심스럽게, 조심스럽다	얼음 위를 걷는 것은 매우 조심스럽다.
о́стров	섬	제주도는 관광객들에게 매우 인기 있는 곳이다.
о́стрый -ая, -ое, -ые	날카로운; 매운	나는 매운 음식을 먹지 않는다.
от + кого-чего(2)	~로부터	어제 나는 내 오랜 친구로부터 편지를 받았다.
отве́т	대답, 답변	당신은 교재 뒷장에서 정답을 볼 수 있습니다.
отвеча́ть НСВ I отве́тить* СВ + кому(3)	대답하다, 답변하다	나는 그의 이름을 물어보았지만 그는 나에게 대답하지 않았다.

П Р С Т У Ф Х Ц Ч Ш Щ Ъ Ы Ь Э Ю Я

Давай **остановим** кого-нибудь и спросим, где находится эта гостиница.

*останови́ться (остано*влю́сь, -о́вишься*)

На какой **остановке** вы выходите?

Идти по льду нужно очень **осторожно**.

Остров Чечжу – очень популярное место отдыха среди туристов.

Я не ем **острую** пищу.

Вчера я получил письмо **от** своего старого друга.

Вы можете посмотреть правильный **ответ** в конце учебника.

Я спросил, как его зовут, но он мне не **ответил**.

*отве́тить (отв*е́чу, -е́тишь*)

А Б В Г Д Е Ё Ж З И Й К Л М Н **О**

отдава́ть HCB (отда*ю́*, -*даёшь*) отда́ть* CB + кого-что(4) + кому(3)	돌려주다, 남겨 주다	이라, 사전 좀 줘. 수업 끝나고 돌려줄게.
о́тдых 단수만	휴식, 휴가	사람은 항상 일을 할 수 없다. 가끔 휴식이 필요하다.
отдыха́ть HCB I отдохну́ть CB (отдохн*у́*, -*нёшь*)	쉬다, 휴식하다	작업 후에 쉬는 건 언제나 좋다.
оте́ц [단생 отца́]	아버지	나는 한 번도 아버지를 보지 못했다.
отка́зываться HCB I отказа́ться* CB + от кого-чего(2) 혹은 инф	거절하다, 거부하다	그는 내 도움을 거절했다.
открыва́ть HCB I откры́ть* CB I + что(4)	열다, 개방하다	창문을 열어 주세요. 방이 매우 덥습니다.
открыва́ться HCB I откры́ться* CB I	열리다	가게는 9시에 문을 연다.

П Р С Т У Ф Х Ц Ч Ш Щ Ъ Ы Ь Э Ю Я

Ира, дай мне, пожалуйста, свой словарь. Я **отдам** его тебе после урока.

*отда́ть (-*да́м, -да́шь, -да́ст, -дади́м, -дади́те, -даду́т*)

Человек не может всё время работать, иногда ему нужен **отдых**.

Всегда хорошо **отдыхать** после работы.

Я никогда не видел своего **отца**.

Он **отказался** от моей помощи.

*отказа́ться (*откажу́сь, -ка́жешься*)

Открой, пожалуйста, окно, в комнате очень жарко.

*откры́ть (*откро́ю, -ро́ешь*)

Магазин **открывается** в 9 часов.

*откры́ться (*откро́ется, -ро́ются*)

А Б В Г Д Е Ё Ж З И Й К Л М Н О

откры́т 형단 -а, -о, -ы	열려 있다	이 카페는 24시간 열려 있다.
откры́тие	여는 것, 오프닝	올림픽 개막식은 온라인으로 무료로 볼 수 있다.
откры́тка [복생] откры́ток]	엽서	오스트레일리아에 가면 거기에서 너에게 엽서를 보낼게.
отку́да	어디로부터	당신은 어디에서 최신 뉴스를 받습니까?
отли́чно	우수하게, 우수하다; A⁺	나는 공부를 많이 해서 시험을 잘 봤다.
отме́тка [복생] отме́ток]	표시; 점수	학교 다닐 때 나는 종종 나쁜 점수를 받았다.
отнима́ть НСВ I отня́ть СВ I (отниму́, -ни́мешь) + кого-что(4)	빼앗다, 잃게 하다	엄마, 큰 애가 길에서 내 장난감을 빼앗아 갔어.
относи́ться* НСВ + к кому-чему(3) + как	관계하다, 관련하다, 태도를 취하다	그는 나에게 나쁜 태도를 취하기 시작했다.

| П Р С Т У Ф Х Ц Ч Ш Щ Ъ Ы Ь Э Ю Я |

Это кафе **открыто** 24 часа в сутки.

Открытие олимпийских игр можно посмотреть онлайн бесплатно.

Когда я приеду в Австралию, я пошлю тебе **открытку** оттуда.

Откуда вы узнаёте последние новости?

Я много занимался, поэтому **отлично** сдал все экзамены.

В школе я часто получал плохие **отметки**.

Мама, большой мальчик **отнял** мою игрушку на улице.

Он стал плохо ко мне **относится**.

*относи́ться (отн*ошу́сь*, -*о́сишься*)

отноше́ние	관계, 태도	나는 지금까지 나의 학교 친구들과 좋은 관계를 유지하고 있다.
о́тпуск	휴가	올해 나는 바다에서 휴가를 보낼 것이다.
отста́лый -ая, -ое, -ые	뒤처진, 낙후된	너는 시대에 뒤떨어진 견해를 갖고 있어.
отсю́да	여기서부터	여기에서 시내까지 어떻게 갑니까?
отту́да	거기서부터	거기에서 어떻게 나갈 수 있습니까?
отходи́ть НСВ (отхожу́, -о́дишь) отойти́* СВ + от кого-чего(2)	떠나다, 물러서다	여기 서서 아무 데도 가지 마라.
о́тчество	부칭	러시아 인의 풀네임은 이름, 부칭, 성의 세 부분으로 되어 있다.
отъе́зд	출발, 떠나감	나는 모스끄바로 떠나기 전 모든 친구들과 만나야 한다.
офице́р	장교	나의 아버지는 장교이다.

П Р С Т У Ф Х Ц Ч Ш Щ Ъ Ы Ь Э Ю Я

Я до сих пор в хороших **отношениях** с моими школьными друзьями.

В этом году я проведу **отпуск** на море.

У тебя **отсталые** взгляды.

Как доехать **отсюда** до центра?

А как **оттуда** можно уехать?

Стой здесь и никуда не **отходи**.

*отойти (отойду́, -йдёшь; ⓟ отошёл, отошла́, отошли́)

Полное имя русских состоит из трёх частей: имя, **отчество** и фамилия.

Мне нужно встретиться со всеми друзьями до **отъезда** в Москву.

Мой отец – **офицер**.

А Б В Г Д Е Ё Ж З И Й К Л М Н О

официа́льный -ая, -ое, -ые	공식적인, 공공기관의; 형식적인	미국과 러시아의 대통령은 공식 회담을 가졌다.
официа́нт	(식당의) 종업원	나는 학생이지만 카페에서 종업원으로 아르바이트를 한다.
оце́нивать	평가하다, 감정하다	당신은 당신의 우승 가능성을 어떻게 평가하십니까?
о́чень	아주, 매우	나는 한국 음식을 매우 좋아한다.
о́чередь 여	차례, 줄	죄송하지만 당신도 줄을 서 있는 겁니까?
очки́ 복수만	안경	나는 안경 없이 읽을 수 없다.
ошиба́ться **НСВ** I ошиби́ться* **СВ**	실수하다, 틀리다	미안하지만 당신은 번호를 잘못 눌렀습니다.
оши́бка [복생 оши́бок]	잘못, 실수	까쨔는 시험에서 단 하나의 실수도 하지 않았다

П Р С Т У Ф Х Ц Ч Ш Щ Ъ Ы Ь Э Ю Я

Президенты Америки и России провели **официальную** встречу.

Я – студент, но подрабатываю в кафе **официантом**.

Как вы **оцениваете** свои шансы на победу?

Я **очень** люблю корейскую еду.

Извините, вы стоите в **очереди**?

Я не могу читать без **очков**.

Извините, но вы **ошиблись** номером.

*ошиби́ться (ошибу́сь, -бёшься; ошибся, оши́блась, оши́блись)

Катя не сделала ни одной **ошибки** в тестировании.

П

па́дать **НСВ** I упа́сть* **СВ**	떨어지다, 넘어지다	길이 매우 미끄러워서 나는 넘어질 뻔했다.
паде́ж	격	현대 러시아어에는 몇 개의 격이 있나요?
па́лец [단생] па́льца [복] па́льцы	손가락, 발가락	각 손가락마다 고유의 명칭이 있다.
пальто́ 불변	외투	네 외투는 옷장에 걸려 있다.
па́мятник	동상, 기념물	얼마 전 서울에 뿌쉬낀 동상이 세워졌다.
па́мять 여 단수만	기억력, 기억	나는 기억력이 좋아서 처음부터 사람들 이름을 잘 기억한다.
па́па 남	아빠	어제 아빠는 장난감을 사 주었다.
парк	공원	우리 도시에서 당신은 많은 역사적 장소와 아름다운 공원들을 보게 될 겁니다.
парла́мент	국회	대통령의 권력이 제한되지 않는 나라에는 국회가 없다.
па́ртия	당파, 정당	당신은 어떤 당을 지지하십니까?

На улице очень скользко, и я чуть не **упала**.

*упа́сть (упаду́, -падёшь; ⓟ упа́л, упа́ла, упа́ли)

Сколько **падежей** в современном русском языке?

У каждого **пальца** на руке есть своё название.

Твоё **пальто** висит в шкафу.

Недавно в Сеуле поставили **памятник** А.С. Пушкину.

У меня хорошая **память**, я всегда запоминаю имена людей с первого раза.

Вчера **папа** мне купил игрушку.

В нашем городе вы увидите много исторических мест и красивых **парков**.

В странах, где власть президента не ограничена, нет **парламента**.

Какую **партию** вы поддерживаете?

А Б В Г Д Е Ё Ж З И Й К Л М Н О

па́спорт	여권	항상 여권을 가지고 다녀야 하나요?
пассажи́р	승객	승객 여러분! 우리는 곧 인천 공항에 도착합니다.
певе́ц **[단생]** певца́	남자 가수	유명한 러시아 오페라 가수인 표도르 살랴삔은 볼쇼이 극장과 마린스끼 극장의 솔리스트였다.
певи́ца	여자 가수	알라 뿌가쵸바는 유명한 러시아 여가수이다.
педагоги́ческий -ая, -ое, -ие	교육(학)의	나의 여동생은 수학 선생님이 되고 싶어서 사범대학에서 공부하고 있다.
пенсионе́р	연금생활자 (남)	의사는 연금생활자들을 순번 없이 진찰한다.
пенсионе́рка **[복생]** пенсионе́рок	연금생활자 (여)	나의 엄마는 벌써 연금생활자이다.
пе́нсия	연금	한국에서는 몇 살에 연금이 나오나요?
пе́рвый -ая, -ое, -ые	첫 번째의	우리는 내일 첫 비행기로 도착한다.
перево́д	통역, 번역; 송금	내 생각에 이 번역에는 오류가 있다.

П Р С Т У Ф Х Ц Ч Ш Щ Ъ Ы Ь Э Ю Я

Должен ли я всегда носить с собой **паспорт**?

Уважаемые **пассажиры**! Скоро мы прибываем в аэропорт Инчхён.

Фёдор Шаляпин, знаменитый русский оперный **певец**, был солистом Большого и Мариинского театров.

Алла Пугачёва – известная российская **певица**.

Моя сестра учится в **педагогическом** институте, потому что она хочет быть учителем математики.

Врач принимает **пенсионеров** без очереди.

Моя мама уже **пенсионерка**.

В каком возрасте в Корее люди выходят на **пенсию**?

Завтра прилетим **первым** рейсом.

Мне кажется, в этом **переводе** есть ошибка.

А Б В Г Д Е Ё Ж З И Й К Л М Н О

переводи́ть* НСВ перевести́** СВ + что(4)	통·번역하다, 송금하다, (걸어서) 데리고 건너가다	나는 이 텍스트를 사전 없이는 번역 할 수 없다.
перево́дчик	통역가, 번역가	전문 번역가가 되기 위해서는 많이 배 워야 한다.
перевози́ть* НСВ перевезти́** СВ + кого-что(4) + куда(4)	(교통수단을 이용해) 운반하다, 옮기다	내일 나는 짐들을 새 아파트로 옮긴 다.
перегово́ры **복수만**	교섭, 담판, 절충, 회담	내일 러시아와 한국 대통령의 회담이 진행될 것이다.
пе́ред + кем-чем(5)	~전에	식사 전에 비누로 손을 씻으세요.
передава́ть НСВ (переда*ю́, -даёшь*) переда́ть* СВ + кому(3) + что(4)	전달하다, 건네다	내일 수업이 11시에 있을 거라고 친 구에게 전해 주세요.
переда́ча	방송 프로그램	«골로스»는 내가 좋아하는 TV 프로 그램이다.
радиопереда́ча, телепереда́ча	라디오 방송, TV 방송	

Я не могу **перевести** этот текст без словаря.

*переводи́ть (перево*жу́*, -о́дишь)*
**перевести́ (перев*еду́*, -едёшь;* ⓟ *перевёл, -вела́, -вели́)*

Чтобы стать профессиональным **переводчиком**, нужно много учиться.

Завтра я **перевожу** вещи в новую квартиру.

*перевози́ть (перево*жу́*, -о́зишь)*
**перевезти́ (перев*езу́*, -езёшь;* ⓟ *перевёз, -везла́, -везли́)*

Завтра пройдут **переговоры** президентов России и Кореи.

Мойте руки с мылом **перед** едой.

Передайте своему другу, что завтра урок будет в 11 часов.

*переда́ть (пере*да́м*, -да́шь, -да́ст, -дади́м, -дади́те, -даду́т)*

«Голос» - моя любимая **телепередача**.

А Б В Г Д Е Ё Ж З И Й К Л М Н О

переезжа́ть НСВ I перее́хать СВ (перее́ду, -е́дешь) + куда(4)	이사 가다, 자리를 옮기다	네가 이사했다고 들었어.
переноси́ть* НСВ перенести́* СВ + что(4) + куда(4)	이동시키다, 옮기다	선생님은 수업을 금요일로 옮겼다.
переры́в	쉬는 시간	수업 중간에 우리는 잠깐의 쉬는 시간을 가질 것이다.
переса́дка [복생] переса́док]	갈아타기, 환승	블라지보스또끄에서 서울까지는 환승 없이 올 수 있다.
перестава́ть* НСВ переста́ть** СВ + инф НСВ	중지하다, 그치다	이야기를 멈추세요!
переу́лок [단생] переу́лка]	골목	당신이 찾는 카페는 다음 골목에 있습니다.
перехо́д	이동, 건너는 것, 옮기는 것	횡단보도에서만 길을 건널 수 있습니다.

Р С Т У Ф Х Ц Ч Ш Щ Ъ Ы Ь Э Ю Я

Я слышал, что ты **переехал**.

Преподаватель **перенёс** урок на пятницу.

*переноси́ть (перенош*у́*, -*о́сишь*)
**перенести́ (перенес*у́*, -*сёшь*; 🔴 перен*ёс*, -*несла́*, -*несли́*)

В середине урока мы сделаем небольшой **перерыв**.

Из Владивостока в Сеул можно долететь без **пересадок**.

Перестаньте разговаривать!

*перестава́ть (перест*аю́*, -*стаёшь*)
**переста́ть (перест*а́ну*, -*а́нешь*)

Кафе, которое вы ищете, находится в следующем **переулке**.

Дорогу можно переходить только по пешеходному **переходу**.

А Б В Г Д Е Ё Ж З И Й К Л М Н О

переходи́ть* **НСВ** перейти́** **СВ** + что(4) + через что(4)	건너다	길을 건널 때 조심하세요.
перча́тки **복** [**복생**] перча́ток [**단**] перча́тка	장갑	밖에 너무 추워! 넌 왜 장갑이 없니?
пе́сня [**복생**] пе́сен	노래	나는 러시아 민요가 정말 좋다.
песо́к [**단생**] песка́	모래, 가루	이 해변에는 어쩜 이렇게 하얀 모래가 있을까!
пессими́ст	비관론자	그런 비관론자가 되지 마세요!
петь **НСВ** (пою́, поёшь) спеть **СВ**	노래하다	당신은 노래하는 것을 좋아하나요?
печа́тать **НСВ** I напеча́тать **СВ** I + что(4)	인쇄하다, 도장 찍다, (타자를) 치다	어디서 이렇게 빨리 타이핑하는 걸 배웠니?
пече́нье **단수만**	쿠키, 과자	나는 쿠키와 함께 차를 마셨다.
пешко́м	걸어서	그들은 두 정거장을 걸어갔다.

Будь внимателен, когда **переходишь** дорогу.

*переходи́ть (перех*ожу́, -о́дишь*)
**перейти́ (пере*йду́, -йдёшь*; 🔵 пере*шёл, -шла́, -шли́*)

На улице так холодно! Ты почему без **перчаток**?

Мне очень нравятся русские народные **песни**.

На этом пляже такой белый **песок**!

Не будь таким **пессимистом**!

Вы любите **петь**?

Где ты научился так быстро **печатать**?

Я пил чай с **печеньем**.

Они прошли две остановки **пешком**.

А Б В Г Д Е Ё Ж З И Й К Л М Н О

пиани́но **불변**	피아노	여덟 살 때 아빠가 피아노를 사 줬다.
пи́во **단수만**	맥주	독일 맥주는 매우 맛있다.
пиро́г; пирожо́к [**단생** пирожка́] [**복** пирожки́]	삐로그(빵의 일종), 파이	우리 할머니는 양배추 파이를 만들었다.
пиро́жное **명**	케익	디저트로 나는 초콜릿 케익을 먹을 것이다.
писа́тель	작가	어제 «돔 끄니기»(대형서점)에서 작가와 독자의 만남 행사가 있었다.
писа́ть **НСВ** (пишу́, пи́шешь) написа́ть **СВ** + что(4)	(글을) 쓰다	이 집에서 레프 똘스또이는 세계적으로 유명한 소설들을 썼다.
письмо́ [**복생** пи́сем]	편지	나는 오랫동안 부모님 편지를 받지 못했다.
пить **НСВ** (пью, пьёшь) вы́пить **СВ** + что(4)	마시다	나는 항상 블랙커피만 마신다.
пла́вать **НСВ** I	헤엄치다	나는 수영을 못한다.

П Р С Т У Ф Х Ц Ч Ш Щ Ъ Ы Ь Э Ю Я

Когда мне было восемь лет, папа мне купил **пианино**.

Немецкое **пиво** очень вкусное.

Моя бабушка приготовила **пирожки** с капустой.

На десерт я возьму шоколадное **пирожное**.

Вчера в Доме книги была встреча **писателя** с читателями.

В этом доме Лев Толстой **писал** известные во всём мире романы.

Я давно не получал **писем** от родителей.

Я всегда **пью** только чёрный кофе.

Я не умею **плавать**.

А Б В Г Д Е Ё Ж З И Й К Л М Н О

пла́кать **НСВ** (пла́чу, -а́чешь)	울다	이 영화를 볼 때면 나는 항상 운다.
план	계획(서); 약도, 평면도	어떤 여름 계획을 갖고 계세요?
плати́ть **НСВ** (плачу́, -а́тишь) заплати́ть **СВ** + за что(4)	지불하다	오늘 나는 꼭 전화 요금을 내야 한다.
плато́к [단생] платка́]	스카프	엄마에게 선물할 예쁜 스카프를 샀다.
пла́тье	드레스, 원피스	나는 파티용 새 드레스를 구입했다.
плащ	트렌치코트, 비옷	밖에 비가 오니 비옷을 입어라.
пле́йер	플레이어	내 플레이어에는 외국 음악만 있다.
плечо́	어깨	어린 소녀가 아버지의 어깨에 앉아 있다.
пло́хо [비교급 ху́же]	나쁘다, 못하다	무슨 일 있어요? 안색이 안 좋아 보여요.

П Р С Т У Ф Х Ц Ч Ш Щ Ъ Ы Ь Э Ю Я

Я всегда **плачу**, когда смотрю этот фильм.

Какие у вас **планы** на лето?

Мне сегодня обязательно нужно **заплатить** за телефон.

Я купил в подарок маме красивый **платок**.

Я купила новое вечернее **платье**.

На улице идёт дождь, надень **плащ**.

В моём **плейере** только зарубежная музыка.

Маленькая девочка сидела на **плечах** у отца.

Что с вами? Вы **плохо** выглядите.

А Б В Г Д Е Ё Ж З И Й К Л М Н О

плохо́й -ая, -ое, -ие [비교급 ху́же]	나쁜	그는 시시각각 점점 더 나빠졌다.
пло́щадь 여	광장	내일 나는 붉은 광장에 가려고 한다.
плыть НСВ (плыву́, -вёшь) + куда(4) + откуда(2)	수영하다, 헤엄치다, 떠가다	하늘에 구름이 떠간다.
плюс	더하기	4 더하기 2는 6이다.
по + чему(3) 1) гуля́ть по ~ 2) уче́бник по ~ 3) отдыха́ть по ~ 4) по телеви́зору	~을 따라서 ~에 관한 ~마다 ~을 통해	나는 도시를 산책하는 것을 좋아한다. 물리 교과서를 가지고 있습니까? 토요일마다 나는 수영장을 다닌다. 어제 TV에서 재미난 영화를 보여 줬다.
по-англи́йски	영어로; 영국식으로	우리는 영어로 말하고 읽을 수 있다.
побе́да	승리	5월 9일에 러시아인들은 소련의 대조 국전쟁(2차대전) 승리를 기념한다.
побежда́ть НСВ I победи́ть СВ II + кого-что(4)	승리하다, 이기다	나의 형은 한국어 백일장에서 우승했 다.

П Р С Т У Ф Х Ц Ч Ш Щ Ъ Ы Ь Э Ю Я

С каждым часом ему становилось всё **хуже и хуже**.

Завтра я собираюсь на Красную **площадь**.

По небу **плывут** облака.

Четыре **плюс** два будет шесть.

1) Я люблю гулять **по** городу.
2) У вас есть учебники **по** физике?
3) **По** субботам я хожу в бассейн.
4) Вчера **по** телевизору показали интересный фильм.

Мы говорим и читаем **по-английски**.

9 мая россияне отмечают **победу** Советского союза в Великой Отечественной войне.

Мой брат **победил** в конкурсе сочинений на корейском языке.

А Б В Г Д Е Ё Ж З И Й К Л М Н О

побыва́ть СВ I + где(6)	방문하다	너는 어떤 나라들을 가 보고 싶니?
повторя́ть НСВ I повтори́ть СВ II + что(4)	반복하다; 복습하다	줴냐는 더 이상 이 실수를 반복하지 않겠다고 약속했다.
погиба́ть НСВ I поги́бнуть* СВ	죽음을 당하다	나의 할아버지는 전사했다.
пого́да	날씨	만약 내일 날씨가 좋으면 야외로 나갈 것이다.
под + кем-чем(5)	아래에	오래된 내 장난감들은 침대 아래에 있다.
пода́рок [단생 пода́рка]	선물	나는 멋진 선물에 대해 친구들에게 감사했다.
подгото́вка	준비, 대비	시험 준비는 어떻게 되고 있나요?
поднима́ть НСВ I подня́ть* СВ + кого-что(4)	들다, 올리다	이 가방이 너무 무거워서 나는 들 수가 없었다.
поднима́ться НСВ I подня́ться* СВ	올라가다, 오르다	5층으로 올라가세요.

П Р С Т У Ф Х Ц Ч Ш Щ Ъ Ы Ь Э Ю Я

В каких странах ты хотел бы **побывать**?

Женя обещал больше не **повторять** эту ошибку.

Мой дедушка **погиб** на войне.

*погибнуть (погибну, -нешь; 🅿 погиб, погибла, погибли)

Если завтра будет хорошая **погода**, мы поедем за город.

Мои старые игрушки лежат **под** кроватью.

Я поблагодарил друзей за прекрасный **подарок**.

Как идёт **подготовка** к экзаменам?

Эта сумка очень тяжёлая, я не могу её **поднять**.

*поднять (подниму, -нимешь)

Поднимайтесь на 5 этаж.

*подняться (поднимусь, -нимешься)

♦ 299

А Б В Г Д Е Ё Ж З И Й К Л М Н О

подпи́сывать НСВ I подписа́ть* СВ + что(4)	서명하다	내 서류에 서명을 해 주실 수 없나요?
подру́га	(여자) 친구	나는 당신의 (여자) 친구를 오랫동안 보지 못했어요.
подходи́ть НСВ (подхожу́, -о́дишь) подойти́* СВ + к кому-чему(3)	(걸어서) 다가가다, 가까워지다	나는 창가로 다가가 길가에 있는 올가를 보았다.
подъезжа́ть НСВ I подъе́хать СВ (подъе́ду, -е́дешь) + к кому-чему(3)	(교통수단을 이용해) 다가가다	집 쪽으로 검은 차가 다가와 멈췄다.
по́езд	기차	모스끄바서부터는 유럽으로 기차를 타고 갈 수 있다.
пое́здка [복생] пое́здок	여행	뻬쩨르부르그 여행은 어땠는지 이야기해 주세요.
пое́хать СВ (пое́ду, -е́дешь) + куда(4) + откуда(2)	(교통수단을 이용해) 출발하다	나는 곧 집으로 갈 것이다.

П Р С Т У Ф Х Ц Ч Ш Щ Ъ Ы Ь Э Ю Я

Вы не могли бы **подписать** мои документы?

*подписа́ть (подпишу́, -пи́шешь)

Я давно не видел вашу **подругу**.

Когда я **подошёл** к окну, я увидел Ольгу на улице.

*подойти́ (подойду́, -йдёшь; 🔄 подошёл, -шла́, -шли́)

К дому **подъехала** чёрная машина и остановилась.

Из Москвы мы можем поехать в Европу на **поезде**.

Расскажите о своей **поездке** в Петербург.

Скоро я **поеду** домой.

А Б В Г Д Е Ё Ж З И Й К Л М Н О

пожáлуйста	제발	시간 될 때 우리 집에 들르세요.
поженúться СВ **복수만**	결혼하다	이번 여름에 우리는 결혼했다.
позавчерá	그저께	그저께는 폭우가 내렸다.
пóздно [비교급 пóзже]	늦게, 늦다	잠자리에 들어라! 많이 늦었어!
поздравля́ть НСВ I поздрáвить* СВ + когó(4) + с чем(5)	축하하다	생일 축하합니다!
по-испáнски	스페인어로; 스페인식으로	죄송합니다. 저는 스페인어를 못합니다.
пойти́* СВ + кудá(4) + откýда(2)	(걸어서) 출발하다	너 내일 이 발레에 갈 거니?
покá	~하는 동안	여행자들이 박물관에 있는 동안 저녁이 되었다.
Покá! (구어체)	안녕! (헤어질 때)	안녕! 내일 보자!

П Р С Т У Ф Х Ц Ч Ш Щ Ъ Ы Ь Э Ю Я

Когда у вас будет время, заходите, **пожалуйста**, к нам.

Этим летом мы **поженились**.

Позавчера у нас был сильный дождь.

Ложись спать! Уже **поздно**!

Поздравляю с днём рождения!

*поздра́вить (поздра́влю, -вишь)

Извините, я не говорю **по-испански**.

Ты **пойдёшь** завтра на этот балет?

*пойти́ (пойду́, -йдёшь; ◐ пошёл, пошла́, пошли́)

Пока туристы были в музее, наступил вечер.

Пока! До завтра!

А Б В Г Д Е Ё Ж З И Й К Л М Н О

пока́зывать **НСВ** I показа́ть* **СВ** + кого́-что(4) + кому́(3)	보여 주다	그는 모스끄바에서 살며 일하는 모습을 부모님에게 보여 주고 싶었다.
по-кита́йски	중국어로; 중국식으로	중국어로 «안녕히 계세요»는 어떻게 하나요?
покупа́тель	소비자	새로운 매장 오픈에 많은 소비자들이 왔다.
покупа́ть **НСВ** I купи́ть **СВ** (куплю́, ку́пишь) + кого́-что(4)	사다, 구입하다, 구매하다	매일 저녁 업무 후에 나는 식료품을 산다.
пол	바닥	찻잔이 바닥에 떨어져 깨졌다.
по́ле	들판	들판에서 몇 마리의 말이 돌아다니는 것을 봤다.
поле́зно	유익하게; 유익하다	걷는 것은 건강에 좋다.
поле́зный -ая, -ое, -ые	유익한	이 일에 유용한 사이트를 추천해 주세요.

П Р С Т У Ф Х Ц Ч Ш Щ Ъ Ы Ь Э Ю Я

Он хотел **показать** родителям, как он живёт и учится в Москве.

*показа́ть (покажу́, -ка́жешь)

Как **по-китайски** будет «до свидания»?

На открытие нового магазина пришло много **покупателей**.

Каждый вечер после работы я **покупаю** продукты.

Чашка упала на **пол** и разбилась.

Я увидел, что в **поле** гуляет несколько лошадей.

Ходить пешком – **полезно** для здоровья.

Посоветуйте, пожалуйста, **полезные** сайты для этой работы.

А Б В Г Д Е Ё Ж З И Й К Л М Н О

поликли́ника	병원	어제 갈라는 의사의 왕진을 요청했다.
политехни́-ческий -ая, -ое, -ие	종합기술의	내일 종합기술 박물관에 가고 싶다.
поли́тика **단수만**	정치	정치학은 정치에 관한 학문이다.
полити́ческий -ая, -ое, -ие	정치적인	선생님은 우리나라의 정치적 상황을 분석하라고 하셨다.
по́лка [**복생**] по́лок]	선반, 책꽂이	선반에는 책과 잡지가 몇 권 꽂혀 있었다.
по́лный -ая, -ое, -ые	1) 가득찬 2) 뚱뚱한	엄마는 나에게 차 한 잔을 가득 줬다. 아이 적에 나는 매우 뚱뚱했다.
полови́на; пол-	절반	학생 중 절반은 숙제를 하지 않았다.
полоте́нце [**복생**] полоте́нец]	수건	주방에는 수건이 몇 장 있어야 할까?
полтора́	1과 1/2	수업은 1시간 30분 동안 계속된다.

Вчера Галя вызвала из **поликлиники** врача на дом.

Завтра я хочу пойти в **политехнический** музей.

Политология – это наука о **политике**.

Преподаватель попросил нас проанализировать **политическую** ситуацию в наших странах.

На **полках** лежало несколько книг и журналов.

1) Мама налила мне **полную** чашку чаю.
2) В детстве я был очень **полным**.

Половина студентов не сделала домашнее задание.

Сколько **полотенец** должно быть на кухне?

Урок продолжается **полтора** часа.

А Б В Г Д Е Ё Ж З И Й К Л М Н О

получа́ть НСВ I получи́ть СВ II + что(4)	받다	답은 약 2주 후에 받으실 겁니다.
по́льзоваться* НСВ + чем(5)	이용하다, 사용하다	가끔은 좋은 교재를 사용하는 것이 매우 중요하다.
полюби́ть* СВ + кого-что(4) + инф	사랑하다, 사랑하게 되다	• 학교 다닐 때 나는 외국어를 좋아했다. • 최근에 나는 자전거 타는 것에 푹 빠졌다.
помидо́р	토마토	우리 할머니는 자주 맛있는 수제 토마토 케첩을 직접 만드셨다.
по́мнить НСВ II	기억하다	나는 내 아내와 처음 만났던 날을 잘 기억한다.
помога́ть НСВ I помо́чь* СВ + кому(3) + инф	돕다	제가 도와 드릴게요.
по-мо́ему	내 생각에; 내 방식대로	제 이야기를 잘못 이해하신 것 같습니다.
по́мощь 여 단수만	도움	나는 그녀에게 도움을 청했으나 그녀는 거절했다.

П Р С Т У Ф Х Ц Ч Ш Щ Ъ Ы Ь Э Ю Я

Вы **получите** ответ недели через две.

Иногда очень важно **пользоваться** лучшими учебниками.

*пóльзоваться (пóльзуюсь, -зуешься)

- Ещё в школе я **полюбил** иностранные языки.
- Я недавно **полюбил** кататься на велосипеде.

*полюби́ть (полюблю́, -ю́бишь)

Моя бабушка часто делала вкусный домашный кетчуп из **помидоров**.

Я хорошо **помню** тот день, когда познакомился со своей женой.

Я вам **помогу**.

*помóчь (помогу́, помóжешь; 🅟 помóг, помогла́, помогли́)

По-моему, вы меня неправильно поняли.

Я попросил у неё **помощи**, но она отказала.

А Б В Г Д Е Ё Ж З И Й К Л М Н О

понеде́льник	월요일	월요일은 힘든 날이다.
по-неме́цки	독일어로; 독일식으로	독일어 할 줄 아니?
понима́ть HCB I поня́ть CB (пойму́, поймёшь) + кого-что(4)	이해하다	우리는 서로 이해하고 사랑한다.
поня́тно	명료하게, 명료하다	이 한국 여자는 러시아어를 매우 분명하게 말한다.
по-пре́жнему	예전 그대로	너는 예전 그대로 그 카페에서 일하니?
популя́рный -ая, -ое, -ые	인기 있는, 대중적인	어떤 시리즈가 러시아에서 가장 유명합니까?
пора́	때, 시기	잠자리에 들 시간이다.
пораже́ние	실패	그는 시합에서의 패배 때문에 괴로워했다.
порт	항구	부산은 동해안에 있는 항구다.
портре́т	초상화	레삔은 많은 초상화를 그려 위인들의 삶과 사상을 그 안에 표현했다.

П Р С Т У Ф Х Ц Ч Ш Щ Ъ Ы Ь Э Ю Я

Понедельник – день тяжёлый.

Ты говоришь **по-немецки**?

Мы **понимаем** и любим друг друга.

Эта кореянка очень **понятно** говорит по-русски.

Ты **по-прежнему** работаешь в том кафе?

Какой сериал самый **популярный** в России?

Пора ложиться спать.

Он очень переживал из-за **поражения** в соревнованиях.

Город Пусан – это **порт** на берегу Восточного моря.

Репин написал много **портретов** и на них изобразил жизнь и мысли великих людей.

А Б В Г Д Е Ё Ж З И Й К Л М Н О

по-ру́сски	러시아어로; 러시아식으로	당신은 러시아어를 잘 하시네요.
посеща́ть НСВ I посети́ть СВ (посещу́, -ети́шь) + кого-что(4)	방문하다	당신은 뜨레찌야꼽스까야 미술관에 꼭 가 봐야 합니다.
по́сле + кого-чего(2)	뒤에, 다음에	대학 졸업 후에 뭐가 되고 싶어?
после́дний -яя, -ее, -ие	마지막의, 최근의	어제 사샤는 마지막 기차로 왔다.
послеза́втра	모레	모레 여기서 크고 흥미로운 페스티벌이 있을 것이다.
посло́вица	속담	이 속담은 무슨 뜻인가요?
посо́л [단생 посла́]	대사	어제 나는 러시아 대사를 만나러 갔다 왔다.
посо́льство	대사관	비자는 대사관에서 받을 수 있다.
постоя́нно	점진적으로, 계속해서	모든 언어는 계속 변한다.

П Р С Т У Ф Х Ц Ч Ш Щ Ъ Ы Ь Э Ю Я

Вы неплохо говорите **по-русски**.

Вам обязательно нужно **посетить** Третьяковскую галерею.

Кем ты хочешь стать **после** окончания университета?

Вчера Саша приехал **последним** поездом.

Послезавтра здесь будет большой интересный фестиваль.

Что значит эта **пословица**?

Вчера я ходил на встречу с российским **послом**.

Визу можно получить в **посольстве**.

Все языки **постоянно** изменяются.

А Б В Г Д Е Ё Ж З И Й К Л М Н О

поступа́ть HCB I поступи́ть* CB + куда(4)	입학하다, 들어가다	나는 내년에 모스끄바 국립대학교에 입학하고 싶다.
посыла́ть HCB I посла́ть* CB + кого-что(4) + кому(3) 혹은 куда(4)	보내다, 발송하다	나는 부모님에게 보낼 엽서를 샀다.
посы́лка [복생 посы́лок]	소포	우체국에서 소포를 받기 위해서는 당신의 서류를 보여 줘야 한다.
по-тво́ему	너의 생각대로, 너의 방식대로	네 생각에 누가 이길 것 같니?
потоло́к [단생 потолка́]	천장	천장에 아름다운 샹들리에가 걸려 있다.
пото́м	다음에	어제 저녁 나는 우선 그녀에게 문자 메시지를 보내고, 그 다음에 집으로 전화했다.
потому́ что	왜냐하면	가난한 사람들을 돕고 싶었기 때문에 빅또르는 NGO에서 일하기로 결심했다.

| П | Р С Т У Ф Х Ц Ч Ш Щ Ъ Ы Ь Э Ю Я

В следующем году я хочу **поступить** в МГУ.

*поступи́ть (посту*плю́, -у́пишь*)

Я купил эту открытку, чтобы **послать** моим родителям.

*посла́ть (по*шлю́, пошлёшь*)

Чтобы получить на почте **посылку**, вам нужно показать ваши документы.

Кто, **по-твоему**, победит?

На **потолке** висела красивая люстра.

Вчера вечером я ей сначала послал эсэмэску, а **потом** позвонил домой.

Виктор решил работать в неправительственной организации, **потому что** он хотел помочь бедным людям.

А Б В Г Д Е Ё Ж З И Й К Л М Н О

по-францу́зски	프랑스어로; 프랑스식으로	그는 프랑스어를 매우 잘한다.
похо́ж **형단** -a, -e, -и **+ на кого-что(4)**	닮다	모든 사람들이 내가 엄마를 닮았다고 말한다.
почему́	왜	자기가 왜 그랬는지 볼로쟈 자신도 잘 몰랐다.
по́чта	우체국	우체국은 어떻게 운영되나요?
почти́	거의	우리는 거의 다 왔다.
поэ́зия	시, 시학	나는 프랑스 시에 관심이 많다.
поэ́т	시인	어떤 시인을 좋아합니까?
поэ́тому	그래서	오늘은 날씨가 좋지 않아 놀러 가지 않았다.
появля́ться **НСВ** I появи́ться* **СВ**	나타나다, 생기다	내가 10살이 됐을 때 컴퓨터가 생겼다.
прав **형단** -á, -ы	옳다, 맞다	네가 옳았어. 이 영화 재미없어.

| П | Р | С | Т | У | Ф | Х | Ц | Ч | Ш | Щ | Ъ | Ы | Ь | Э | Ю | Я |

Он очень хорошо говорит **по-французски**.

Все говорят, что я **похож** на свою маму.

Володя сам не знал, **почему** он так сделал.

Как работает **почта**?

Мы **почти** приехали.

Я интересуюсь французской **поэзией**.

Кто ваш любимый **поэт**?

Сегодня на улице непогода, **поэтому** мы не пошли гулять.

У меня **появился** компьютер, когда мне было 10 лет.

*появи́ться (появлю́сь, -я́вишься)

Ты был **прав**, этот фильм неинтересный.

пра́вда	진실, 사실	왜 너는 사샤에게 사실을 말하지 않았니?
пра́вило	규칙	기본적인 규칙을 아이에게 어떻게 가르쳐야 할까?
пра́вильно	맞다, 옳다	너는 질문에 맞게 대답했다.
прави́тельство	정부	한국 정부는 이 유명한 작가에게 상을 수여했다.
пра́вый -ая, -ое, -ые	오른쪽의	나는 오른쪽 자동차가 더 마음에 든다.
пра́здник	명절, 축제	새해는 러시아에서 가장 큰 명절이다.
пра́ктика	실무, 실습; 실제 경험	실습은 이론만큼이나 중요하다.
практи́ческий -ая, -ое, -ие	실천의, 실용적인	매주 월요일마다 우리는 강의가 있고 매주 수요일에는 실습이 있다.
предлага́ть **НСВ** I предложи́ть **СВ** II **+ кому(3)** **+ что(4) 혹은 инф**	제안하다, 제기하다	나는 내일 이 일을 마무리할 것을 제안합니다.

Почему ты не сказал Саше **правду**?

Как научить ребёнка соблюдать элементарные **правила**?

Ты **правильно** ответил на вопрос.

Корейское **правительство** наградило этого известного писателя.

Мне больше нравится **правая** машина.

Новый год – самый большой **праздник** в России.

Практика так же важна, как теория.

По понедельникам у нас лекции, а по средам – **практические** занятия.

Я **предлагаю** закончить эту работу завтра.

А Б В Г Д Е Ё Ж З И Й К Л М Н О

предло́г	전치사	타동사 다음에는 전치사 없이 대격을 써야 한다.
предложе́ние	제안; 문장	괄호 안의 단어를 사용하여 문장을 완성하세요.
предме́т	사물; 대상; 과목	철학은 배우기 쉽지 않은 과목이다.
представи́тель	대표자	경제장관은 어제 대기업 대표들과 회동을 가졌다.
пре́жде + чем(5)	~하기 전에	텍스트를 읽기 전에 새로운 단어들을 복습합시다.
президе́нт	대통령, 사장	러시아 대통령은 국가 수반이다.
прекра́сно	훌륭하게; 훌륭하다	당신은 영어를 정말 잘하시네요.
прекра́сный -ая, -ое, -ые	매우 아름다운, 매우 훌륭한	자부심을 가지세요. 당신은 아주 훌륭한 작품을 만들었습니다.
пре́мия	상, 상금	오늘 회사에서 새해 상여금을 주었다.
преподава́тель	교수, 강사	어제 우리는 선생님과 함께 도시 견학을 다녀왔다.

П Р С Т У Ф Х Ц Ч Ш Щ Ъ Ы Ь Э Ю Я

После переходного глагола должен быть винительный падеж без **предлога**.

Закончите **предложения**, используя слова в скобках.

Философия – это нелёгкий **предмет** для изучения.

Министр экономики встретился вчера с **представителями** большого бизнеса.

Прежде чем читать текст, давайте повторим новые слова.

Президент России является главой государства.

Вы **прекрасно** говорите по-английски.

Гордитесь! Вы написали **прекрасную** работу!

Сегодня нам на работе дали новогоднюю **премию**.

Вчера вместе с нашим **преподавателем** мы ездили на экскурсию по городу.

А Б В Г Д Е Ё Ж З И Й К Л М Н О

преподава́-тельница	여교수, 강사	우리 학부에는 몇 명의 젊은 (여자) 강사들이 일하고 있다.
преподава́ть* НСВ + что(4)	가르치다	나는 대학에서 러시아어를 가르친다.
приве́т	안녕! (만났을 때)	너의 가족들에게 안부를 전해 줘.
приводи́ть НСВ (привожу́, -о́дишь) привести́* СВ + кого(4) + куда(4)	가져오다, 데리고 오다	올렉은 내가 한 번도 가본 적이 없는 매우 좋은 카페로 나를 데리고 갔다.
привози́ть НСВ (привожу́, -о́зишь) привезти́* СВ + кого-что(4) + куда(4)	(교통수단을 타고) 가져오다, 운반하다	부산에서 무엇을 사다 줄까?
привыка́ть НСВ I привы́кнуть* СВ + к кому-чему(3) 혹은 инф	익숙해지다, 적응하다	나는 이미 새 일에 익숙해졌다.

П Р С Т У Ф Х Ц Ч Ш Щ Ъ Ы Ь Э Ю Я

На нашей кафедре работает несколько молодых **преподавательниц**.

Я **преподаю** русский язык в университете.

*преподава́ть (препо*даю́, -даёшь*)

Передавай **привет** своей семье.

Олег **привёл** меня в очень хорошее кафе, в котором я ещё никогда не был.

*привести́ (прив*еду́, -едёшь*; 🕘 прив*ёл, -ела́, -ели́*)

Что тебе **привезти** из Пусана?

*привезти́ (прив*езу́, -езёшь*; 🕘 прив*ёз, -езла́, -езли́*)

Я уже **привыкла** к новой работе.

*привы́кнуть (🕘 привы́к, привы́кла, привы́кли)

А Б В Г Д Е Ё Ж З И Й К Л М Н О

приглаша́ть НСВ I пригласи́ть* СВ + кого(2) + куда(4)	초대하다	알료나, 너를 오늘 저녁 식사에 초대할게. 내가 살 거야.
прие́зд	도착	도착 후 아직 아무도 보지 못했다.
приезжа́ть НСВ I прие́хать СВ (прие́ду, -е́дешь) + куда(4) + откуда(2)	(교통수단을 이용해) 도착하다, 오다	당신은 어디에서 왔습니까?
прика́зывать НСВ I приказа́ть* СВ + кому(3) + инф	명령하다	뾰뜨르 1세는 네바 강변에 새로운 도시를 세우도록 명령했다.
прилага́тельное 🞄	형용사	각 명사에 맞는 형용사 하나씩을 생각해 보세요.
прилета́ть НСВ I прилете́ть* СВ + куда(4) + откуда(2)	날아오다	몇 시에 비행기가 출발하니?
приме́р	예, 예시	어떤 예를 좀 들어볼 수 있습니까?

П Р С Т У Ф Х Ц Ч Ш Щ Ъ Ы Ь Э Ю Я

Алёна, **приглашаю** тебя сегодня на ужин. Я плачу.

*пригласи́ть (пригл*ашу́*, -*аси́шь*)*

Я ещё никого не видел после **приезда**.

Откуда вы **приехали**?

Пётр Первый **приказал** построить новый город на Неве.

*приказа́ть (прик*ажу́*, -*а́жешь*)*

Придумайте одно **прилагательное** для каждого существительного.

Во сколько **прилетает** твой самолёт?

*прилете́ть (прил*ечу́*, -*ети́шь*)*

Вы можете привести какой-нибудь **пример**?

♦ 325

А Б В Г Д Е Ё Ж З И Й К Л М Н О

принадлежа́ть **HCB** II + кому-чему(3)	속하다, 소속이다	이 크고 아름다운 집은 누구의 소유인가요?
принима́ть **HCB** I приня́ть **CB** (приму́, -и́мешь) + кого-что(4)	1) 맞이하다 2) (약, 샤워 등을) 먹다, 하다	나의 엄마는 손님을 맞는 것을 매우 좋아한다. 이 약은 하루 세 번, 식후에 복용해야 한다.
приноси́ть* **HCB** принести́** **CB** + кого-что(4)	가져오다	내가 맛있는 맥주를 가져왔어!
приро́да	자연	사람은 자연을 보호해야 한다.
присыла́ть **HCB** I присла́ть* **CB** + кого-что(4)	보내오다	스베따, 누가 너에게 이 아름다운 꽃다발을 보냈니?
приходи́ть* **HCB** прийти́** **CB** + куда(4) + откуда(2)	(걸어서) 오다	우리 집에 놀러 오세요!
причи́на	이유, 원인	당신은 어떤 이유로 어제 수업에 오지 않으셨나요?

П Р С Т У Ф Х Ц Ч Ш Щ Ъ Ы Ь Э Ю Я

Кому **принадлежит** этот большой красивый дом?

1) Моя мама очень любит **принимать** гостей.
2) Это лекарство надо **принимать** три раза в день, после еды.

Я тебе **принёс** вкусное пиво!

*приноси́ть (прин*ошу́, -о́сишь*)
**принести́ (прин*есу́, -есёшь*; ❹ принёс, -ла́, -ли́)

Человек должен заботиться о **природе**.

Света, кто тебе **прислал** этот красивый букет?

*присла́ть (пр*ишлю́, -ишлёшь*)

Приходите к нам в гости!

*приходи́ть (прих*ожу́, -о́дишь*)
**прийти́ (пр*иду́, -идёшь*; ❹ пришёл, пришла́, пришли́)

По какой **причине** вас вчера не было на уроке?

А Б В Г Д Е Ё Ж З И Й К Л М Н О

прия́тно	즐겁게; 유쾌하다	만나 뵙게 되어 매우 반갑습니다.
прия́тный -ая, -ое, -ые	유쾌한, 즐거운	이것은 생각지도 못했던 기분 좋은 선물이다.
пробле́ма	문제	너는 어떻게 이 문제를 해결할 거니?
про́бовать НСВ (про́бую, -буешь) попро́бовать СВ + что(4) 혹은 + инф	시도하다	1) 이 생선을 맛보길 권합니다. 2) 언제든 하루 종일 전화기를 사용하지 않으려고 해 본 적이 있니?
проверя́ть НСВ I прове́рить СВ II + кого-что(4)	확인하다, 검사하다	다음 수업까지 여러분의 답안을 확인할 겁니다.
проводи́ть* НСВ провести́** СВ + что(4)	통과하다; 실행하다; (시간을) 보내다	너는 보통 여가 시간을 어떻게 보내니?
провожа́ть НСВ I проводи́ть СВ (провожу́, -о́дишь) + кого-что(4)	배웅하다	나를 지하철역까지 바래다줄 수 없겠니?

П Р С Т У Ф Х Ц Ч Ш Щ Ъ Ы Ь Э Ю Я

Очень **приятно** с вами познакомиться.

Это был неожиданный, но **приятный** подарок.

Как ты собираешься решать эту **проблему**?

1) Я советую вам **попробовать** эту рыбу.
2) Ты когда-нибудь **пробовал** не пользоваться телефоном целый день?

Я **проверю** ваши тесты к следующему уроку.

Как ты обычно **проводишь** своё свободное время?

*провести (пров*ожу́*, *-о́дишь*)
**провести (пров*еду́*, *-едёшь*; 🆔 пров*ёл*, *-ла́*, *-ли́*)

Ты не мог бы **проводить** меня до станции метро?

А Б В Г Д Е Ё Ж З И Й К Л М Н О

програ́мма	과정; 프로그램	대학 입학생을 위한 프로그램을 주의 깊게 읽어 보세요.
прогре́сс **단수만**	진보, 향상	기술은 해마다 발전하고 있다.
прогу́лка [**복생**] прогу́лок]	산책	밖에 날씨가 좋아서 우리는 산책을 갔다.
продава́ть НСВ I прода́ть* СВ + что(4)	팔다, 판매하다	좋아하는 시계를 팔기가 아까웠지만, 나는 돈이 매우 필요했다.
продаве́ц [**단생**] продавца́] [**복생**] продавцо́в]	판매원, 상인	예전에 나의 엄마는 판매원으로 일했지만 지금은 주부이다.
продавщи́ца	여자 판매원	가게 점원에게 채소와 과일이 있는지 물었다.
продолжа́ть НСВ I продо́лжить СВ II + что(4) 혹은 инф НСВ	계속하다	이반, 텍스트를 계속 읽으세요.

П Р С Т У Ф Х Ц Ч Ш Щ Ъ Ы Ь Э Ю Я

Читайте внимательно **программу** для поступающих в вузы.

Технический **прогресс** с каждым годом увеличивается.

На улице была прекрасная погода, и мы пошли на **прогулку**.

Мне было жалко **продавать** мои любимые часы, но мне очень нужны были деньги.

*прода́ть (про*да́м*, -да́шь, -да́ст, -дади́м, -дади́те, -даду́т)

Раньше моя мама работала **продавцом**, но сейчас она – домохозяйка.

Я спросил у **продавщицы**, есть ли в их магазине овощи и фрукты.

Иван, **продолжайте** читать текст.

А Б В Г Д Е Ё Ж З И Й К Л М Н О

продолжа́ться **НСВ** I продо́лжиться **СВ** II	계속되다	영화는 2시간 동안 상영된다.
продукты 복	식품	이 가게에서는 고기, 생선, 유제품을 판다.
проезжа́ть **НСВ** I прое́хать **СВ** (прое́ду, -е́дешь)	(교통수단을 이용하여) 지나가다	우리가 극장 옆을 지날 때 나는 한 무리의 외국 관광객들을 보았다.
прожи́ть **СВ** (проживу́, -живёшь)	(일정기간 동안) 살다	나는 거의 4년을 서울에서 살았다.
прои́грывать **НСВ** I проигра́ть **СВ** I + что(4)	(게임이나 경기 등에서) 지다	지는 것을 좋아하는 사람은 아무도 없다.
произведе́ние	작품, 생산	차이꼽스끼의 많은 작품들은 전세계에 잘 알려져 있다.
производи́ть* **НСВ** произвести́** **СВ** + что(4)	생산하다; (인상 등을) 주다	나의 아버지가 일하는 공장은 장난감을 생산하는 곳이다.

| П Р С Т У Ф Х Ц Ч Ш Щ Ъ Ы Ь Э Ю Я |

Фильм **продолжается** два часа.

В этом гастрономе продаются мясные, рыбные и молочные **продукты**.

Я увидел большую группу иностранных туристов, когда мы **проезжали** мимо театра.

Я **прожил** в Сеуле почти 4 года.

Никто не любит **проигрывать**.

Многие **произведения** П.И. Чайковского известны во всём мире.

Завод, на котором работает мой отец, **производит** игрушки.

*производи́ть (произво*жу́*, -*о́дишь*)
**произвести́ (произв*еду́*, -*едёшь*; ⓟ произвёл, -*ла́*, -*ли́*)

А Б В Г Д Е Ё Ж З И Й К Л М Н О

произво́дство	생산	우리 공장에서 우유와 치즈를 생산하기 시작했다.
произноси́ть* **НСВ** произнести́** **СВ** + как + что(4)	발음하다, 선언하다	당신은 이 단어를 잘못 발음하고 있습니다.
произноше́ние	발음	그는 발음이 매우 좋다.
происходи́ть* **НСВ** произойти́ **СВ** II	(어떤 사건이) 일어나다, 생기다	무슨 일이 있나요?
промы́шлен- ность 여 단수만	산업	소비에트 연방에서 산업이 빠르게 성장하고 있다.
промы́шленный -ая, -ое, -ые	산업의	노보꾸즈네쯔끄는 시베리아의 큰 산업도시이다.
проси́ть **НСВ** (прошу́, -о́сишь) попроси́ть **СВ** II + кого-что(4) + инф	요청하다, 부탁하다	알렉세이는 지금 돈이 하나도 없어서 조금만 빌려 달라고 부탁했다.
проспе́кт	대로	뻬쩨르부르그의 중심가는 넵스끼 대로이다.

П Р С Т У Ф Х Ц Ч Ш Щ Ъ Ы Ь Э Ю Я

На нашем заводе начали **производство** молока и сыра.

Вы **произносите** это слово неправильно.

*произноси́ть (произн*ошу́*, -*о́сишь*)
**произнести́ (🅿 произнёс, произнесла́, произнесли́)

У него очень хорошее **произношение**.

Что **происходит**?

*происходи́ть (происх*ожу́*, -*о́дишь*)

Промышленность в СССР растёт быстрыми темпами.

Новокузнецк – большой **промышленный** город в Сибири.

У Алексея сейчас совсем нет денег и он **попросил** занять ему немного.

Главная улица Петербурга – Невский **проспект**.

А Б В Г Д Е Ё Ж З И Й К Л М Н О

прости́ть	용서하다	제가 틀렸습니다. 용서해 주세요.
просто́й -ая, -ое, -ые	평범한, 평이한	이 연습문제는 매우 평이했다.
простуди́ться СВ (простужу́сь, -у́дишься)	감기에 걸리다	어제가 매우 추워서 감기에 걸린 것 같다.
просыпа́ться НСВ I просну́ться* СВ	잠을 깨다, 눈을 뜨다	수 년 동안 아침 일찍 일어나는 것에 익숙해졌다.
про́тив + кого-чего(2)	~에 면하여, 반대하여	소비에트 군인들은 대조국전쟁 중 독일에 맞서 싸웠다.
профе́ссия	직업	내 직업은 엔지니어다.
профе́ссор	교수	대학의 강의는 훌륭한 교수들이 한다.
прохла́дно	시원하게; 시원하다	밖은 벌써 5월이지만 저녁에는 아직 서늘하다.
проходи́ть НСВ (прохожу́, -о́дишь) пройти́* СВ + куда(4)	지나가다, 통과하다; (때, 사건등이) 경과하다	곧 콘서트가 시작됩니다. 홀을 지나가세요.

П Р С Т У Ф Х Ц Ч Ш Щ Ъ Ы Ь Э Ю Я

Я был не прав. **Прости** меня, пожалуйста.

Это упражнение было очень **простым**.

Вчера было очень холодно, и мне кажется, что я **простудился**.

За много лет я привык **просыпаться** утром очень рано.

*проснýться (проснýсь, -нёшься)

Советские солдаты боролись **против** Германии во время Великой Отечественной войны.

По **профессии** я инженер.

В университете лекции читают лучшие **профессора**.

На улице уже май, но вечерами ещё **прохладно**.

Проходите в зал, концерт скоро начнётся.

*пройти́ (про*йдý, -йдёшь*; ⓐ прошёл, прошла́, прошли́)

А Б В Г Д Е Ё Ж З И Й К Л М Н О

проце́нт	퍼센트	나는 내가 시험을 통과하지 못할 거라고 100% 확신한다.
проце́сс	과정, 경로	불완료상 동사는 과정을 의미한다.
про́шлый -ая, -ое, -ые	과거의, 지나간	작년에 우리 공장은 기계 2,500대를 생산했다.
проща́ться **НСВ** I попроща́ться **СВ** I + с кем(5)	헤어지다, 작별하다	나는 친구들에게 작별 인사를 하고 집으로 갔다.
пры́гать **НСВ** I пры́гнуть **СВ** (пры́гну, -нешь)	뛰다, 뛰어오르다	부모님이 나에게 자동차를 선물했을 때 나는 뛸 듯이 기뻤다.
пря́мо	똑바로	당신은 다리를 건너 곧바로 가야 합니다.
психо́лог	심리학자	심리학자는 나에게 친구들을 더 자주 만나라고 충고한다.
психологи́ческий -ая, -ое, -ие	심리학의; 심리적인	나는 잡지에 있는 심리 테스트를 해 보는 걸 좋아한다.
психоло́гия	심리학	대학교에서 나는 심리학을 배웠다.

Я уверен на 100 **процентов**, что я не сдам экзамен.

Глаголы несовершенного вида обозначают **процесс**.

В **прошлом** году наш завод изготовил 2,500 машин.

Я **попрощался** с друзьями и пошёл домой.

Когда родители подарили мне машину, я **прыгал** от радости.

Вам нужно перейти мост и идти **прямо**.

Мой **психолог** советует мне чаще встречаться с друзьями.

Я люблю проходить **психологические** тесты в журналах.

В университете я изучал **психологию**.

А Б В Г Д Е Ё Ж З И Й К Л М Н О

пти́ца	새	하늘 높이 새가 날아갔다.
пусто́й -ая, -ое, -ые	텅 빈	나의 냉장고는 텅 비어 있다.
пусть	~하게 하다	그가 나에게 전화하도록 하세요.
путеше́ственник	여행자	표도르 꼬뉴호프는 매우 유명한 러시아 여행가이다.
путеше́ствие	여행	나는 종종 나의 유럽 여행을 회상한다.
путеше́ствовать НСВ (путеше́ствую, -ствуешь)	여행하다	나는 혼자 여행하는 것을 좋아한다.
путь	길	모든 사람은 인생에서 자신의 길을 선택해야 한다.
пыта́ться НСВ I попыта́ться СВ I + инф	(어떤 목적을 이루려고) 시도하다	올렉은 내무장관과 인사를 나누기 위해 오랫동안 노력했다.
пье́са	희곡	체홉의 «세 자매»는 세계적으로 알려져 있다.

Высоко в небе летали **птицы**.

Мой холодильник абсолютно **пустой**.

Пусть он позвонит мне.

Фёдор Конюхов – очень известный российский **путешественник**.

Я часто вспоминаю свое **путешествие** в Европу.

Я люблю **путешествовать** один.

Каждый человек должен выбрать свой **путь** в жизни.

Олег долго **пытался** познакомиться с министром внутренних дел.

Пьеса Чехова «Три сестры» известна во всём мире.

А Б В Г Д Е Ё Ж З И Й К Л М Н О

пятёрка (구어체) [복 пятёрок]	(5점 만점의) 5점	내 보고서는 5점 만점을 받았다.
пятнадцать	15	우리 그룹에는 15명이 공부한다.
пятница	금요일	금요일 저녁에 무슨 계획 있니?
пятый -ая, -ое, -ые	다섯 번째의	내 남동생은 5학년이다.
пять	5	이 건물에는 아름다운 홀이 다섯 개 있다.
пятьдесят	50	내일까지 50루블을 빌려 줄 수 없겠니?
пятьсот	500	나의 도시는 올해로 500년이 된다.

Я получил **пятёрку** за свой доклад.

В моей группе учится **пятнадцать** человек.

У тебя есть какие-нибудь планы на вечер **пятницы**?

Мой младший брат учится в **пятом** классе.

В этом здании есть **пять** красивых залов.

Ты не мог бы одолжить мне **пятьдесят** рублей до завтра?

Моему городу в этом году будет **пятьсот** лет.

P

работа	일	나는 전공과 연관된 직장을 얻고 싶다.
рабо́тать НСВ I	일하다	무슨 일을 하세요?
рабо́чий -ая, -ее, -ие	일의, 노동의	내 일이 끝날 때까지 아직 3시간이 남았다.
ра́вен 형단 равна́, равно́, равны́	동등하다	모든 사람은 동등하다.
рад 형단 ра́да, ра́ды	기쁘다	당신을 알게 되어 기쁩니다.
ра́дио 불변	라디오	나는 이 노래를 매우 좋아해. 라디오 소리를 키워 줘.
ра́довать НСВ (ра́дую, -дуешь) обра́довать СВ + кого(4)	기쁘게 하다	나는 이유 없이 작은 선물을 해서 친구들을 기쁘게 하는 걸 좋아한다.
ра́доваться НСВ I + чему(3)	기쁘다	시험을 잘 쳤을 때 나는 매우 기뻤다.
ра́дость 여	기쁨	나는 그녀의 눈에서 큰 기쁨을 보았다.

Я хочу найти себе **работу**, связанную с моей специальностью.

Кем вы **работаете**?

До конца моего **рабочего** дня ещё 3 часа.

Все люди **равны**.

Рад с вами познакомиться.

Я очень люблю эту песню, сделай **радио** громче.

Я люблю **радовать** своих друзей маленькими подарками без причины.

Я очень **радовался**, когда хорошо сдал экзамен.

Я увидел в её глазах большую **радость**.

А Б В Г Д Е Ё Ж З И Й К Л М Н О

раз	회, 번	그녀는 여러 번 그의 직장으로 전화를 했다.
ра́зве	과연, 정말로	너는 그를 정말 모르니?
развива́ться **НСВ** I	발전하다	러시아 경제는 매우 빠르게 성장하고 있다.
разви́тие	발전, 발달	오늘은 19세기 러시아 예술의 발전에 대해 이야기할 것이다.
разгова́ривать **НСВ** I	대화하다	당신과 이야기하는 건 언제나 즐겁습니다.
разгово́р	회화, 대화	그녀와는 항상 즐거운 대화를 한다.
разме́р	치수, 크기	이 티셔츠는 나에게 작습니다. 다른 사이즈가 있습니까?
ра́зница	차이	이 두 단어의 차이를 말해 주세요.
ра́зный -ая, -ое, -ые	다양한, 서로 다른	사람들은 모두 취향이 다양하다.
разреша́ть **НСВ** I разреши́ть **СВ** II + кому(3) + инф	허락하다	부모님은 내가 늦은 밤에 산책하는 것을 허락하지 않는다.

Она ему несколько **раз** звонила на работу.

Разве ты не знаешь его?

Экономика России **развивается** очень быстро.

Сегодня я расскажу о **развитии** искусства в России XIX века.

Всегда приятно с вами **разговаривать**.

У нас с ней всегда весёлый **разговор**.

Эта футболка мне мала. У вас есть другой **размер**?

Скажите, в чём **разница** между двумя этими словами?

У всех людей **разные** вкусы.

Родители не **разрешают** мне гулять поздно вечером.

А Б В Г Д Е Ё Ж З И Й К Л М Н О

райо́н	지역	얼마 전 내 친구들은 새로운 지역으로 이사했다.
раке́та	로켓	어제 북한은 로켓을 발사했다.
ра́но	일찍	점심 먹기엔 아직 이르다.
ра́ньше	예전에	예전에는 나는 외국에서 살고 싶지 않았다.
расписа́ние	시간표, 일정표	당신의 일정표가 조금 수정되었으니 유의하시기 바랍니다.
расска́з	이야기; 단편소설	체홉은 희곡과 단편소설을 썼다.
расска́зывать НСВ I рассказа́ть* СВ + кому(3) + о чём(6)	이야기하다	나의 아버지는 항상 자신의 삶에 대해 재미있게 이야기한다.
расти́* НСВ I вы́расти** СВ I	성장하다	그녀는 자라서 저명한 작가가 되었다.
ребёнок [단생 ребёнка] [복 де́ти]	아이, 어린이	모든 부모가 자기 아이를 신동으로 여긴다.

П Р С Т У Ф Х Ц Ч Ш Щ Ъ Ы Ь Э Ю Я

Недавно мои друзья переехали в новый **район**.

Вчера Северная Корея запустила **ракету**.

Обедать ещё **рано**.

Раньше я не хотел жить за границей.

Обратите внимание, ваше **расписание** немного изменилось.

А.П. Чехов писал пьесы и **рассказы**.

Мой отец всегда интересно **рассказывает** о своей жизни.

*рассказа́ть (расск*ажу́*, -*а́жешь*)

Она **выросла** и стала знаменитой писательницей.

*расти́ (🅰 рос, росла́, росли́)
**вы́расти (🅰 вы́рос, вы́росла, вы́росли)

Все родители считают своего **ребёнка** вундеркиндом.

А Б В Г Д Е Ё Ж З И Й К Л М Н О

ребя́та **복수만**	동료, 친구들	얘들아, 우리 내일 견학 간다는 걸 기억하고 있니?
револю́ция	혁명	러시아에는 몇 번의 혁명이 있었다.
регуля́рно	규칙적으로	스포츠에서 성과를 거두려면 규칙적으로 운동을 해야 한다.
ре́дкий -ая, -ое, -ие [비교급 ре́же]	보기 드문, 좀처럼 없는	박물관에서는 보기 드문 예술 작품을 볼 수 있다.
ре́дко	드물게	이런 큰비는 여기선 드물다.
режиссёр	(영화)감독	니끼따 미할꼬프는 유명한 러시아 감독이다.
ре́зать НСВ (ре́жу, ре́жешь) + что(4)	자르다, 끊다, 베다	까쨔, 너는 샐러드를 만들어. 나는 소시지를 자를게.
результа́т	결과	화학자들은 예상하지 못한, 그러나 흥미로운 실험 결과를 얻었다.
река́	강	한강은 서울을 가로질러 흐른다.
ре́ктор	(대학의) 총장	어제 학생들은 대학교 총장과의 만남에 다녀왔다.

П **Р** С Т У Ф Х Ц Ч Ш Щ Ъ Ы Ь Э Ю Я

Ребята, вы помните, что завтра мы идём на экскурсию?

В России было несколько **революций**.

Чтобы добиться результатов в спорте, нужно **регулярно** заниматься.

В музее можно увидеть **редкие** произведения искусства.

Такой большой дождь здесь **редко** бывает.

Никита Михалков – знаменитый русский **режиссёр**.

Катя, ты приготовь салат, а я **порежу** колбасу.

Химики получили неожиданный, но интересный **результат** эксперимента.

Река «Ханган» течёт через Сеул.

Вчера студенты ходили на встречу с **ректором** университета.

А Б В Г Д Е Ё Ж З И Й К Л М Н О

рели́гия	종교	당신 나라의 종교는 무엇입니까?
респу́блика	공화국	남한의 정식 명칭은 대한민국이다.
рестора́н	레스토랑, 식당	어제 저녁에 나는 일본 식당에서 저녁을 먹기로 했다.
реце́пт	요리법, 처방전	어쩜 샐러드가 이렇게 맛있어! 어디에서 요리법을 찾았니?
реша́ть НСВ I реши́ть СВ II + что(4) 혹은 инф	결정하다	거의 2시간을 매달렸지만 이 문제를 풀 수 없었다.
реши́тельный -ая, -ое, -ые	단호한; 결정적인	이민을 가서 살고 싶다면 단호한 사람이 되어야 한다.
рис 단수만	쌀	쌀은 아시아에서 가장 인기 있는 식품이다.
рисова́ть* НСВ нарисова́ть СВ + кого-что(4)	그리다	(자신의) 가족을 그려 보세요.
рису́нок [단생 рису́нка]	그림	교과서에 있는 그림을 보고 각 그림에 맞는 문장을 적으세요.

П **Р** С Т У Ф Х Ц Ч Ш Щ Ъ Ы Ь Э Ю Я

Какая в вашей стране **религия**?

Официальное название Южной Кореи – **Республика** Корея.

Вчера вечером я решил поужинать в японском **ресторане**.

Какой вкусный салат! Где ты взяла **рецепт**?

Я потратил почти 2 часа, но так и не смог **решить** эту задачу.

Чтобы уехать жить в другую страну, нужно быть **решительным** человеком.

Рис – самая популярная еда в Азии.

Нарисуйте, пожалуйста, свою семью.

*рисова́ть (рису́ю, -су́ешь)

Посмотрите на **рисунки** в учебнике и напишите предложение для каждого из них.

А Б В Г Д Е Ё Ж З И Й К Л М Н О

ро́вно	균일하게; 균일하다	나는 항상 정각 8시에 집에서 나와 직장을 간다.
род	성	러시아어에는 남성, 여성, 중성, 3개의 성이 있다.
ро́дина	조국, 고향	마지막으로 고향에 다녀오신 게 언제인가요?
роди́тели 복	부모	부모님의 편지는 언제나 나를 기쁘게 한다.
роди́ться CB	태어나다	내 여동생은 블라지미르에서 태어났다.
родно́й -ая, -ое, -ые	고향의, 출생의	당신의 모국어는 무엇입니까?
ро́дственник	친척	거의 모든 내 친척들이 시베리아에 살고 있다.
рожде́ние	탄생, 출생	생일을 축하합니다!
Рождество́	성탄절	러시아에서의 성탄절은 그렇게 큰 축제가 아니다.
ро́за	장미	안드레이는 그녀의 콘서트에 장미 다발을 가져왔다.

П **Р** С Т У Ф Х Ц Ч Ш Щ Ъ Ы Ь Э Ю Я

Я выхожу из дома и иду на работу всегда **ровно** в 8 часов.

В русском языке есть 3 **рода**: мужской, женский и средний.

Когда вы в последний раз были на **родине**?

Письма от **родителей** всегда меня радуют.

Моя сестра **родилась** во Владимире.

Какой ваш **родной** язык?

Почти все мои **родственники** живут в Сибири.

С днём **рождения**!

Рождество в России – не очень большой праздник.

Андрей принёс букет **роз** на её концерт.

А Б В Г Д Е Ё Ж З И Й К Л М Н О

ро́зовый -ая, -ое, -ые	분홍색의	남자들이 분홍색 물건을 걸치는 것이 나는 마음에 들지 않는다.
роль **여**	역할	그는 마침내 영화의 주연을 맡게 되었다.
рома́н	소설	똘스또이는 49세에 소설 «안나 까레니나»를 썼다.
росси́йский -ая, -ое, -ие	러시아의	러시아 남자 가수 중 누구를 알고 있니?
рот [**단생** рта]	입	이 소리를 올바로 발음하기 위해서는 입을 크게 벌려야 한다.
роя́ль	그랜드피아노	피아노와 그랜드피아노의 차이점은 무엇인가요?
руба́шка [**복생** руба́шек]	셔츠	나는 보통 흰 셔츠에 넥타이를 매고 출근한다.
рубль	루블 (러시아의 화폐 단위)	이 티셔츠는 그렇게 비싸지 않다. 200 루블이다.
руга́ть НСВ I + кого́-что(4)	비난하다, 험담하다	오늘 이 일을 끝내지 않으면 내 상사는 나를 혼낼 것이다.
рука́	팔, 손	장갑을 끼세요. 밖은 정말 추워요.

П **Р** С Т У Ф Х Ц Ч Ш Щ Ъ Ы Ь Э Ю Я

Мне не нравится, когда мужчины носят **розовые** вещи.

Ему, наконец, удалось сыграть **роль** главного героя фильма.

Л.Н. Толстой написал **роман** «Анна Каренина», когда ему было 49 лет.

Кого из **российских** певцов ты знаешь?

Чтобы произнести этот звук правильно, нужно широко открыть **рот**.

Чем **рояль** отличается от пианино?

На работу я обычно хожу в белой **рубашке** и галстуке.

Эта футболка не очень дорогая: она стоит всего 200 **рублей**.

Мой начальник будет **ругать** меня, если я не закончу эту работу сегодня.

Наденьте на **руки** перчатки. На улице очень холодно.

А Б В Г Д Е Ё Ж З И Й К Л М Н О

руководи́тель	지도자	이반 이바노비치는 나의 지도 교수이다.
руководи́ть **НСВ** (руково́жу, -оди́шь) **+ кем-чем(5)**	지도하다; 주관하다	레닌은 주부도 나라를 이끌 수 있다고 생각했다.
ру́сский -ая, -ое, -ие	러시아(인)의	세계에서 가장 유명한 러시아 우주비 행사는 유리 가가린이다.
ру́сско- англи́йский	러영의	나는 러영 사전을 사야 한다. *(러서의, 러중의, 러독의)
ру́чка [복생] ру́чек	펜	까쌰, 너 남는 볼펜 없니? 내 것을 집에 두고 왔어.
ры́ба	물고기, 생선	바닷물고기는 맛있고 몸에 좋다.
рыба́к	어부	나의 아버지는 어부이다.
ры́нок [단생] ры́нка	시장	종종 시장에서 파는 제품이 가게에서 파는 제품보다 저렴하다.
ряд	줄, 열	우리는 10번째 줄에 앉았다.
ря́дом	나란히, 인접하여	어머니는 아들에게 다가가 옆에 앉았다.

П **Р** С Т У Ф Х Ц Ч Ш Щ Ъ Ы Ь Э Ю Я

Иван Иванович – мой научный **руководитель**.

Ленин считал, что даже домохозяйка может **руководить** страной.

Самый известный во всём мире **русский** космонавт – это Юрий Гагарин.

Мне нужно купить большой **русско-английский** словарь.

*(ру́сско-испа́нский, ру́сско-кита́йский, ру́сско-неме́цкий)

Катя, у тебя нет лишней **ручки**? Я забыла свою дома.

Морская **рыба** – это вкусно и полезно.

Мой отец работает **рыбаком**.

Часто продукты на **рынке** стоят дешевле, чем в магазине.

Мы сидели в 10 **ряду**.

Мать подошла к сыну и села **рядом**.

C

с, со [전치] **1) + кого-чего(2)** **2) + с кем(5)** **3) + кого-чего(2)**	1) 어디로부터 2) 누구와? 3) 언제?	나는 1시간 전에 전시회에서 돌아왔다. 오늘 저녁에 나따샤를 만날 것이다. 내일 넌 아침부터 일하니?
сад	정원	우리 별장에는 크고 아름다운 정원이 있다.
сади́ться* НСВ **сесть** СВ**	앉다	내 옆에 앉아.
сала́т	샐러드	나는 생선 샐러드가 제일 좋다.
салю́т	불꽃놀이; 경례	5월 9일에 우리 마을에서는 항상 성대한 불꽃놀이를 한다.
сам -а, -о, -и	스스로, 자신이	네가 이 문제를 스스로 해결할 수 있다고 나는 확신해.
самова́р	사모바르*	나는 러시아에서 사모바르를 가지고 왔다.
самолёт	비행기	나는 비행기 타는 것을 무서워한다.
самостоя́тель- но	독립하여, 혼자	영어를 독학하기로 결심했다면 이 책이 반드시 있어야 할 것이다.

1) Я вернулся **с** выставки час назад.
2) Сегодня вечером я встречаюсь **с** Наташей.
3) Ты завтра работаешь **с** утра?

У нас на даче есть большой и красивый **сад**.

Садись рядом со мной.

*сади́ться (са*жу́сь, -ди́шься*)
**сесть (ся́ду, ся́дешь; 🆗 сел, се́ла, се́ли)

Больше всего мне нравится рыбный **салат**.

9 мая в нашем городе всегда большой **салют**.

Я уверен, ты сможешь решить эту задачу **сам**.

Я привёз **самовар** из России.
(*사모바르: 러시아 전통 찻주전자)

Я боюсь летать на **самолёте**.

У вас должен быть этот учебник, если вы решили изучать английский **самостоятельно**.

А Б В Г Д Е Ё Ж З И Й К Л М Н О

са́мый -ая, -ое, -ые	가장 ~한; 그 자체의	내 생각에 가장 훌륭한 러시아 감독은 안드레이 따르꼽스끼이다.
сантиме́тр	센티미터	센티미터는 길이를 재는 국제 단위이다.
сапоги́ 복 [단 сапо́г]	부츠	겨울에 많은 러시아 여자들은 부츠를 신는다.
са́хар 단수만	설탕	설탕 넣은 커피를 주세요.
све́жий -ая, -ее, -ие	신선한, 싱싱한	나는 숲에서 쉬는 걸 좋아한다. 거기선 신선한 공기를 마실 수 있다.
свет 단수만	빛, 등불	안드레이에게 깜짝 선물을 하자. 불을 꺼.
све́тлый -ая, -ое, -ые	밝은	빅또리야는 짧고 밝은 머리카락을 가지고 있다.
свида́ние	만남, 데이트	나는 오늘 첫 데이트에 간다.
сви́тер	스웨터	겨울은 아주 추우니 따뜻한 스웨터를 사는 게 좋을 거야.
свобо́да	자유; 해방	모든 사람에게는 선택의 자유가 있어야 한다.
свобо́ден 형단 свобо́дна, -о, -ы	자유롭다, 한가하다	모레 시간 있니?

П Р С Т У Ф Х Ц Ч Ш Щ Ъ Ы Ь Э Ю Я

Я думаю, что **самый** лучший режиссёр в России – это Андрей Тарковский.

Сантиметр – это международная единица длины.

Зимой многие русские женщины носят **сапоги**.

Дайте, пожалуйста, кофе с **сахаром**.

Я люблю отдыхать в лесу. Там можно подышать **свежим** воздухом.

Мы приготовим Андрею сюрприз. Выключи **свет**.

У Виктории короткие **светлые** волосы.

Я иду сегодня на первое **свидание**.

Зимой очень холодно, я советую тебе купить тёплый **свитер**.

У каждого человека должна быть **свобода** выбора.

Ты **свободен** послезавтра?

А Б В Г Д Е Ё Ж З И Й К Л М Н О

свобо́дный -ая, -ое, -ые	자유로운, 구속받지 않는	너는 보통 어디에서 여가 시간을 보내니?
свой своя́, своё, свои́	자신의	당신 고향에 대해 이야기해 주세요.
связь **여**	통신, 연결; 관계, 인맥	당신은 고등학교 친구들과 연락을 하시나요?
сдава́ть* **НСВ** сдать** **СВ** + что(4)	1) 치르다 2) 임대하다 3) 돌려주다	모든 고등학생은 러시아어와 수학 시험에 합격해야 한다. 네가 아는 사람 중에 아파트를 내놓은 사람이 없니? 내일까지 책들을 도서관에 반납해야 한다.
себя́	자신을	사람은 자신만을 위해 살면 안 된다.
се́вер **단수만**	북쪽	아르한겔스끄 시는 러시아의 북쪽에 위치해 있다.
се́верный -ая, -ое, -ые	북쪽의	해방 이후 한국은 남한과 북한, 두 개의 나라로 분단되었다.
сего́дня	오늘	오늘 «러시아 경제 잡지»에서 유익한 정보를 읽었다.

П Р ... Т У Ф Х Ц Ч Ш Щ Ъ Ы Ь Э Ю Я

Где ты обычно проводишь своё **свободное** время?

Расскажите, пожалуйста, о **своём** родном городе.

Вы поддерживаете **связь** со своими школьными друзьями?

1) Все школьники должны **сдать** экзамен по русскому языку и математике.
2) Никто из твоих знакомых не **сдаёт** квартиру?
3) Мне нужно **сдать** книги в библиотеку до завтра.

*сдава́ть (сдаю́, сдаёшь)
**сдать (сдам, сдашь, сдаст, сдади́м, сдади́те, сдаду́т)

Человек не должен жить только для **себя**.

Город Архангельск находится на **севере** России.

После получения независимости Корея разделилась на две страны: Южную и **Северную** Корею.

Сегодня в «Российском Экономическом Журнале» я прочитала полезную информацию.

А Б В Г Д Е Ё Ж З И Й К Л М Н О

седо́й -ая, -ое, -ые	백발의, 희끗한	나의 아버지는 거의 백발이 되었다.
седьмо́й -ая, -ое, -ые	일곱 번째의	나의 어머니는 일곱째이다.
сейча́с	지금, 요즘	나는 오늘 잠을 잘 못 자서 지금 머리가 아프다.
секрета́рь	비서	당신은 비서에게서 이 정보를 받을 수 있다.
секу́нда	초	1분은 60초이다.
село́	마을, 농촌	나의 할머니는 작은 마을에 산다.
се́льский -ая, -ое, -ие	마을의, 농촌의	나는 나이가 들수록 농촌 생활이 더 마음에 든다.
се́льское хозя́йство	농업	정부는 농업 발전에 큰 관심을 기울이고 있다.
семе́йный -ая, -ое, -ые	가족, 가정의; 가족이 있는	나는 항상 내 가족 앨범을 새 친구들에게 보여 준다.
семе́стр	학기	이번 학기에 나는 3개의 시험을 통과해야 한다.

П **С** Т У Ф Х Ц Ч Ш Щ Ъ Ы Ь Э Ю Я

Мой отец стал почти **седым**.

Моя мама была **седьмым** ребёнком в семье.

Я плохо спал сегодня, и **сейчас** у меня болит голова.

Вы можете получить эту информацию у **секретаря**.

В минуте 60 **секунд**.

Моя бабушка живёт в маленьком **селе**.

Чем старше я становлюсь, тем больше мне нравится **сельская** жизнь.

Правительство уделяет большое внимание развитию **сельского хозяйства**.

Я всегда показываю мой **семейный** альбом новым друзьям.

В этом **семестре** мне нужно сдать 3 экзамена.

А Б В Г Д Е Ё Ж З И Й К Л М Н О

семина́р	세미나	세미나 때까지 당신은 이 작가에 대한 정보를 찾아야 한다.
семна́дцать	17	내 생일에 17명이 왔다.
семь	7	왜 1주일은 5일이나 8일이 아니고 7일일까?
се́мьдесят	70	나의 할머니는 벌써 70살이다.
семьсо́т	700	올해 우리 도시는 700년이 된다.
семья́	가족	나는 내 가족에 대해 자주 생각한다.
сентя́брь 남	9월	러시아에서 학년은 9월에 시작한다.
се́рдце [복생 серде́ц]	심장, 마음	나는 심장에 문제가 있었던 적이 없었다.
серебро́ 단수만	은	금과 은은 악세사리를 만들기에 가장 인기 있는 금속이다.
сере́бряный -ая, -ое, -ые	은의, 은으로 된	이 은반지는 부모님이 나에게 선물한 것이다.
середи́на	중간	이달 중순에 저희 초대장을 받으실 겁니다.

К **семинару** вам нужно будет найти информацию об этом писателе.

На мой день рождения пришло **семнадцать** человек.

Почему в неделе **семь** дней, а не пять или восемь?

Моей бабушке уже **семьдесят** лет.

В этом году моему городу исполнится **семьсот** лет.

Я часто думаю о своей **семье**.

В России учебный год начинается в **сентябре**.

У меня никогда не было проблем с **сердцем**.

Золото и **серебро** – самые популярные металлы для изготовления украшений.

Это **серебряное** кольцо мне подарили родители.

В **середине** месяца вы получите наше приглашение.

А Б В Г Д Е Ё Ж З И Й К Л М Н О

се́рый -ая, -ое, -ые	회색의	너는 항상 회색 물건만 사는구나.
серьёзно	심각하게; 심각하다	우리는 진지한 대화가 필요해.
серьёзный -ая, -ое, -ые	진지한, 심각한	사샤는 진지하고 엄격한 사람이다.
се́ссия	기간, 회기	이번 회기는 매우 어려울 거야.
сестра́ [복] сёстры] [복생] сестёр]	언니, 여동생, 자매	나는 여동생에게 줄 선물로 비싸고 좋은 커피 한 병을 샀다.
сиби́рский -ая, -ое, -ие	시베리아의	나의 엄마는 시베리아의 작은 도시 출신이다.
сигаре́та	담배	나는 담배가 다 떨어졌다.
сиде́ть НСВ (сижу́, сиди́шь) **+ где(6)**	앉아 있다	레스토랑에 사람이 많아서 우리는 출입구 근처에 앉아야 했다.
си́ла	힘, 에너지	(속담) 힘이 있으면 지혜는 필요 없다.
си́льный -ая, -ое, -ые	힘센, 강인한	그녀는 성격이 강합니까? 아니면 약합니까?

П Р **С** Т У Ф Х Ц Ч Ш Щ Ъ Ы Ь Э Ю Я

Ты всегда покупаешь **серые** вещи.

Нам нужно **серьёзно** поговорить.

Саша – **серьёзный** и строгий человек.

Эта **сессия** будет очень сложной.

В подарок **сестре** я купил банку дорогого хорошего кофе.

Моя мама из небольшого **сибирского** городка.

У меня закончились **сигареты**.

В ресторане было много народу и нам пришлось **сидеть** у выхода.

Сила есть, ума – не надо.

У неё **сильный** или слабый характер?

А Б В Г Д Е Ё Ж З И Й К Л М Н О

си́мвол	상징	비둘기는 평화의 상징이다.
симпати́чный -ая, -ое, -ые	매력적인	어제 나는 디스코텍에서 매우 매력적인 여자를 만났다.
си́ний -яя, -ее, -ие	파란, 파란색의	파란 가을 하늘은 언제나 나를 기쁘게 한다.
систе́ма	조직, 체계, 방식, 제도	한국 교육 제도의 특징은 무엇입니까?
ситуа́ция	상황	선생님이 상황을 이야기하면 당신은 대화를 시작하세요.
ска́зка [복생 ска́зок]	동화	바보 이반은 러시아 전래 동화의 주인공이다.
ско́лько	얼마나	당신은 몇 살입니까?
ско́ро	곧, 머지않아	비가 곧 그칠 것이다.
ско́рость 여	속도	운전기사가 매우 빠른 속도로 달려서 나는 무서웠다.
скри́пка [복생 скри́пок]	바이올린	나는 내 친구의 바이올린 연주를 듣는 것을 좋아한다.

Голубь – **символ** мира.

Вчера на дискотеке я познакомился с очень **симпатичной** девушкой.

Меня всегда восхищает осеннее **синее** небо.

В чём особенности **системы** образования в Корее?

Преподаватель говорит вам **ситуацию**, а вы начинаете диалог.

Иван-дурак – это герой русской народной **сказки**.

Сколько вам лет?

Дождь **скоро** кончится.

Мне было страшно, потому что водитель ехал на очень высокой **скорости**.

Я люблю слушать, как мой друг играет на **скрипке**.

А Б В Г Д Е Ё Ж З И Й К Л М Н О

скро́мный -ая, -ое, -ые	검소한, 겸손한	너에게 줄 조그만 선물을 샀어.
ску́чно [шн]	지루하게; 지루하다	집에 하루 종일 있는 것은 심심하다.
сла́бый -ая, -ое, -ые	약한	나의 어머니는 건강이 좋지 않아 자주 독감에 걸린다.
славя́нский -ая, -ое, -ие	슬라브의	러시아어는 슬라브 언어에 속한다.
сла́дкий -ая, -ое, -ие	단, 단맛의	나는 달콤한 차만 마신다.
сле́ва	왼쪽에	냉장고 왼쪽에 책상이 있다.
сле́довательно	따라서	그는 시험 준비를 못했기 때문에 시험을 망쳤다.
сле́дующий -ая, -ее, -ие	다음의	나는 내년에 미국에 가고 싶다.
сли́шком	너무	거리에는 지금 눈이 너무 많다.
слова́рь 🔊	사전	어제 스베따는 새 러영 사전을 샀다.

П Р **С** Т У Ф Х Ц Ч Ш Щ Ъ Ы Ь Э Ю Я

Я купил тебе **скромный** подарок.

Мне **скучно** сидеть весь день дома.

У моей мамы **слабое** здоровье, поэтому она часто болеет гриппом.

Русский язык входит в **славянскую** языковую группу.

Я пью только **сладкий** чай.

Слева от холодильника стоит стол.

Он плохо подготовился к экзамену, **следовательно** он плохо сдал его.

Я хотел бы поехать в Америку в **следующем** году.

На улице сейчас **слишком** много снега.

Вчера Света купила новый русско-английский **словарь**.

А Б В Г Д Е Ё Ж З И Й К Л М Н О

сло́во	단어	러시아어에는 프랑스어 단어가 아주 많다.
сло́жный -ая, -ое, -ые	어려운, 복잡한	러시아 문법은 매우 어렵다.
слон	코끼리	우리 동물원에는 세 마리의 코끼리가 있다.
служи́ть НСВ II	근무하다	당신은 벌써 군 복무를 했나요?
слу́чай	경우, 기회; 우연	이 전화기는 특별한 경우에만 사용할 수 있다.
случа́ться НСВ I случи́ться СВ II	(사건이) 일어나다	너 무슨 일 있니?
слу́шать НСВ I + кого́-что(4)	듣다	나는 선생님의 말씀에 집중하지 않아 아무것도 이해하지 못했다.
слы́шать НСВ II услы́шать СВ II + кого́-что(4)	들리다	잘 안 들려요. 연결이 안 좋네요.
сме́лый -ая, -ое, -ые	용감한, 대담한	나는 그렇게 용감한 사람이 아니다.

| П | Р | **С** | Т | У | Ф | Х | Ц | Ч | Ш | Щ | Ъ | Ы | Ь | Э | Ю | Я |

В русском языке очень много французских **слов**.

Русская грамматика очень **сложная**.

В нашем зоопарке живёт три **слона**.

Вы уже **служили** в армии?

Этим телефоном можно пользоваться только в особых **случаях**.

С тобой что-то **случилось**?

Я невнимательно **слушал** преподавателя, поэтому ничего не понял.

Я вас плохо **слышу**. Связь очень плохая.

Я не очень **смелый** человек.

А Б В Г Д Е Ё Ж З И Й К Л М Н О

смерть 여	죽음; 멸망, 소멸	나는 거의 모든 사람들이 죽음을 두려워한다고 생각한다.
смешно́й -ая, -ое, -ые	우스운	내 친구가 재미있는 농담을 해서 나는 웃음을 터뜨렸다.
смея́ться НСВ (смею́сь, -еёшься)	웃다	나는 이 영화를 보면 항상 웃는다.
смотре́ть НСВ II **посмотре́ть СВ** II **+ что(4)** 혹은 **на кого-что(4)**	보다	다음 주에 빅또르와 나는 새 연극을 보러 가려고 한다.
смысл	뜻, 의미; 가치	당신의 제안에는 어떠한 의미(가치)도 없습니다.
снару́жи	외부로부터, 밖에서	밖에는 비가 오지만 방 안은 따뜻하고 편안하다.
снача́ла	처음에, 먼저	나는 처음엔 기숙사에 살았고, 후에 하숙을 구했다.
снег	눈	하루 종일 눈이 내린다.

Я думаю, что почти все люди боятся **смерти**.

Я засмеялся, потому что мой друг рассказал мне **смешную** шутку.

Когда я смотрел этот фильм, я всё время **смеялся**.

На следующей неделе мы с Виктором собираемся **посмотреть** новый спектакль.

В вашем предложении нет никакого **смысла**.

Снаружи идёт дождь, а в комнате тепло и уютно.

Сначала я жил в общежитии, потом нашёл себе комнату.

Весь день идёт **снег**.

А Б В Г Д Е Ё Ж З И Й К Л М Н О

снима́ть НСВ I снять СВ (сниму́, сни́мешь) + что(4)	1) 벗다 2) 임차하다 3) 촬영하다	교실이 추워 학생들은 외투를 벗지 않았다. 나는 새로운 동네에 아파트를 빌리려 한다. 어떤 카메라로 찍고 있니?
сно́ва	다시, 새롭게	당신은 또 다시 테스트를 잘 못 치르셨네요.
соба́ка	개	치와와는 많은 나라에서 사랑받는 작은 개들 중 하나이다.
собира́ть НСВ I собра́ть СВ (соберу́, -берёшь) + кого-что(4)	1) 모으다 2) 준비하다, 챙기다	나는 여러 나라의 엽서를 수집한다. 나는 내일 출장을 가기 때문에 짐을 챙겨야 한다.
собира́ться НСВ I собра́ться* СВ 1) + где(6) 복수만 2) + инф	1) 모이다 2) ~하려고 하다	저녁에 우리는 나따샤 집에서 모였다. 대학을 졸업한 후에 나는 외국에서 일하려고 한다.
собо́р	사원	모스끄바에서 나는 아름다운 사원을 많이 보았다.
собра́ние	모임	오늘 모임에는 지난번보다 더 많은 사람들이 왔다.

1) В классе было холодно, и студенты не **снимали** свои куртки.
2) Я собираюсь **снимать** квартиру в новом районе.
3) На какую камеру ты **снимаешь**?

Вы **снова** плохо написали тест.

Чихуахуа – это одна из маленьких и любимых **собак** во многих странах.

---

1) Я **собираю** открытки из разных стран.
2) Мне нужно **собрать** вещи, потому что завтра я еду в командировку.

---

1) Вечером мы **собрались** у Наташи.
2) После университета я **собираюсь** работать за рубежом.

*собра́ться (соберу́сь, соберёшься)

В Москве я видел много красивых **соборов**.

Сегодня на **собрание** пришло больше людей, чем в прошлый раз.

А Б В Г Д Е Ё Ж З И Й К Л М Н О

собы́тие	사건	아이의 탄생은 모든 사람의 인생에서 중요한 사건이다.
сове́т	충고, 조언	부모님은 항상 나에게 훌륭한 조언을 해 줬다.
сове́товать **НСВ** (сове́тую, -туешь) посове́товать **СВ** + кому(3) + инф	충고하다, 권하다	밤에는 일하지 않는 게 좋아.
сове́товаться* **НСВ** по- **СВ** + с кем(5)	상담하다, 상의하다	너는 가족과 상의해야 해.
сове́тский -ая, -ое, -ие	소비에트의, 소련의	최초의 소비에트 헌법은 1918년에 제정되었다.
совреме́нный -ая, -ое, -ые	현대의, 동시대의	그들은 현대 러시아 문학의 대표적인 작가들에 대해 거의 모른다.
совсе́м	완전히, 전혀	당신을 완전히 이해하지는 못했다.
согла́сен **영단** согла́сна, согла́сны	동의하다	나는 너의 의견에 동의하지 않는다.

Рождение ребёнка – важное **событие** в жизни каждого человека.

Родители всегда давали мне хорошие **советы**.

Не **советую** тебе работать по ночам.

Тебе нужно **посоветоваться** с семьёй.

*сове́товаться (сове́*туюсь, -туешься*)

Первая **советская** конституция была принята в 1918 году.

Они знают мало информации о представителях **современной** русской литературы.

Я не **совсем** вас понял.

Я не **согласен** с твоим мнением.

А Б В Г Д Е Ё Ж З И Й К Л М Н О

соглаша́ться **НСВ** I согласи́ться* **СВ** + с кем(5) + инф	1) 동의하다 2) 승낙하다	너는 늘 나에게 동의하지 않는다. 선생님은 시험을 다시 한 번 치르는 것을 승낙했다.
сожале́ние (к сожале́нию)	유감 (유감스럽게도)	안타깝게도, 스페인 선수가 결승점에 마지막으로 도착했다.
создава́ть **НСВ** (создаю́, -даёшь) созда́ть* **СВ** + что(4)	창조하다; 만들다	차이꼽스끼는 아름다운 음악을 만들었다.
сок	주스, 과즙	과일 주스는 어떤 게 있습니까?
солда́т	군인	군인은 장교의 명령을 따라야만 한다.
со́лнце	태양, 해	오늘은 햇빛 아래나 그늘이나 다 덥다.
соль 여	소금	소금 좀 건네주세요.
сомнева́ться **НСВ** I + в чём(6)	의심하다	나는 내일까지 우리가 이 일을 끝낼 수 있을지 의문스럽다.
сон [단생 сна]	잠, 꿈	오늘 밤에 나는 이상한 꿈을 꾸었다.

П Р **С** Т У Ф Х Ц Ч Ш Щ Ъ Ы Ь Э Ю Я

1) Ты никогда не **соглашаешься** со мной.
2) Преподаватель **согласился** принять экзамен ещё раз.

*согласи́ться (согла*шу́сь*, -ас*и́шься*)*

К **сожалению**, испанский спортсмен пришёл на финиш последним.

П.Чайковский **создавал** прекрасную музыку.

*созда́ть (созд*а́м*, -д*а́шь*, -д*а́ст*, -дад*и́м*, -дад*и́те*, -дад*у́т*)*

Какие у вас фруктовые **соки**?

Солдат обязан выполнять приказы офицера.

И на **солнце** и в тени так жарко сегодня.

Передай мне, пожалуйста, **соль**.

Я **сомневаюсь**, что мы успеем закончить эту работу до завтра.

Сегодня ночью я видел странный **сон**.

А Б В Г Д Е Ё Ж З И Й К Л М Н О

сообща́ть **НСВ** I сообщи́ть **СВ** II **+ что(4)**	연락하다; 알리다	집에 도착하면 나에게 연락해 줘.
сообще́ние	연락, 문자메시지	누군가 너에게 메시지를 보냈다.
соревнова́ние	경기, 시합	이 시합에서 올가와 알렉세이는 3위를 차지했다.
со́рок	40	인생은 마흔 살에 시작된다.
сосе́д	이웃 남자	나는 이 집에 산 지 오래되지 않아 아직 이웃들을 모른다.
сосе́дка [**복생** сосе́док]	이웃 여자	소금이 떨어져서 이웃에게 조금만 달라고 부탁해야 한다.
сосе́дний -яя, -ее, -ие	이웃의	이웃 나라와 마찬가지로 한국은 극동 아시아의 일부이다.
состоя́ть **НСВ** II **+ из чего(2)**	구성되다, 성립되다	태양계는 무엇으로 구성되어 있습니까?
со́ус	소스, 양념	어제 나는 크림소스 파스타를 주문했다.

П Р С Т У Ф Х Ц Ч Ш Щ Ъ Ы Ь Э Ю Я

Сообщи мне, пожалуйста, когда ты доберёшься домой.

Кто-то прислал тебе **сообщение**.

На этом **соревновании** Ольга и Алексей заняли третье место.

В **сорок** лет жизнь только начинается.

Я совсем недавно живу в этом доме и ещё не знаю моих **соседей**.

У нас закончилась соль, надо попросить немного у **соседки**.

Как и **соседние** страны, Корея является частью дальневосточной Азии.

Из чего **состоит** Солнечная система?

Вчера в ресторане я заказал пасту со сливочным **соусом**.

А Б В Г Д Е Ё Ж З И Й К Л М Н О

сохраня́ть **НСВ** I сохрани́ть **СВ** II + что(4)	보존하다, 저장하다	어떤 상황에서도 사람은 침착함을 유지해야 한다.
социали́зм 단수만	사회주의	사회주의에 대해 어떻게 생각하세요?
социалисти́- ческий -ая, -ое, -ие	사회주의의	나는 사회당을 지지한다.
социа́льный -ая, -ое, -ые	사회의	그는 사회적 지위가 높다.
спаса́ть **НСВ** I спасти́* **СВ** + кого-что(4)	구하다	안타깝게도, 가라앉는 배에서 모든 사람들을 구할 수 없었다.
спаси́бо	고맙습니다	답신 감사합니다.
спать **НСВ** (*сплю, спишь*)	자다	나는 항상 엎드려서 잔다.
спекта́кль	연극	이 연극에는 관객들이 많았다.
специали́ст	전문가	만약 너 스스로 이 문제를 해결할 수 없다면 전문가에게 가 봐야 한다.

П Р С Т У Ф Х Ц Ч Ш Щ Ъ Ы Ь Э Ю Я

В любой ситуации человек должен **сохранять** спокойствие.

Как вы относитесь к **социализму**?

Я поддерживаю **социалистическую** партию.

Его **социальный** статус в обществе высок.

К сожалению, удалось **спасти** не всех людей с тонущего корабля.

*спасти (спасу́, -асёшь; ④ спас, спасла́, спасли́)

Спасибо за ответ.

Я всегда **сплю** на животе.

На этом **спектакле** было очень много зрителей.

Если ты не можешь решить эту проблему самостоятельно, то тебе нужно обратиться к **специалисту**.

А Б В Г Д Е Ё Ж З И Й К Л М Н О

специа́льность 여	전공	당신의 전공은 무엇인가요?
специа́льный -ая, -ое, -ые	전공의, 특수한	대기업에는 직원들의 휴식을 위한 특별한 방이 있다.
спеши́ть НСВ II + куда(4) + инф	서두르다	미안해. 지금은 내가 너무 급해서 너랑 이야기할 수가 없어.
спина́	등	어제 하루 종일 운동을 했더니 오늘 등이 아프다.
спи́чки 복 [복생 спи́чек] [단 спи́чка]	성냥	성냥은 아이들의 장난감이 아니다.
споко́йно	편안하게; 편안하다	제 질문을 주의 깊게 듣고 침착하게 답하세요.
Споко́йной но́чи!		안녕히 주무세요!
споко́йный -ая, -ое, -ые	편안한	잠자리에 들기 전 나는 조용한 음악을 듣는 것을 좋아한다.
спо́рить НСВ II + с кем(5) + о ком-чём(6)	말다툼하다, 논쟁하다	친구들을 만나면 우리는 항상 정치에 대해 논쟁한다.

Кто вы по **специальности**?

В крупных фирмах есть **специальные** комнаты для отдыха сотрудников.

Извини, я сейчас очень **спешу** и не могу с тобой разговаривать.

Вчера я весь день занимался спортом, и сегодня у меня болит **спина**.

Спички детям не игрушка.

Внимательно слушайте мой вопрос и **спокойно** отвечайте.

Перед сном я люблю послушать **спокойную** музыку.

Когда мы встречаемся с друзьями, мы всегда **спорим** о политике.

А Б В Г Д Е Ё Ж З И Й К Л М Н О

спорт **단수만**	스포츠	어떤 운동을 제일 좋아하세요?
спорти́вный -ая, -ое, -ые	스포츠의	새로운 스포츠센터 오픈에 나를 초대했다.
спортсме́н	운동선수	한국에서 가장 유명한 운동선수의 이름을 말해 보세요.
спосо́бный -ая, -ое, -ые	재능 있는, 능력 있는	대학교에서 나는 매우 재능 있는 학생이었다.
спра́ва	오른쪽에	은행 오른쪽에 있는 건물이 보이시나요? 그것이 영사관입니다.
спра́шивать **НСВ** I спроси́ть* **СВ** + кого́(4) + о ком-чём(6)	묻다, 질문하다	나는 길을 몰라서 경찰관에게 물었다.
спу́тник	동반자; 위성	러시아는 우주로 위성을 발사한 첫 번째 나라였다.
сра́внивать **НСВ** I сравни́ть **СВ** II + кого́-что(4) + с кем-чем(5)	비교하다	러시아와 한국의 교육 시스템을 비교하세요.

П Р **С** Т У Ф Х Ц Ч Ш Щ Ъ Ы Ь Э Ю Я

Какой вид **спорта** вам больше всего нравится?

Меня пригласили на открытие нового **спортивного** центра.

Назовите имя самого известного **спортсмена** в Корее.

В университете я был очень **способным** студентом.

Видите здание **справа** от банка? Это и есть консульство.

Я не знал дорогу и **спросил** её у полицейского.

*спроси́ть (спро*шу́*, -*о́сишь*)

Россия была первой страной, которая запустила **спутник** в космос.

Сравните, пожалуйста, систему образования в России и Корее.

А Б В Г Д Е Ё Ж З И Й К Л М Н О

сра́зу	바로, 즉시	시험이 끝나자마자 안드레이는 바다로 떠났다.
среда́	수요일	수요일 시간표를 봤어요?
среди́ + кого-чего(2)	가운데	학생들 가운데에서 나는 내 친구 올렉을 보았다.
сре́дний -яя, -ее, -ие	중간의, 평균의	이라는 독일에서 중학교를 마쳤다.
ста́вить* НСВ поста́вить СВ + кого-что(4) + куда(4)	세워 놓다; 제기하다; 상연하다	이 책을 책꽂이에 둬.
стадио́н	경기장	7시에 경기장 근처에서 너를 기다릴게.
стака́н	유리컵	나에게 물 한 잔 줘.
станови́ться* НСВ стать** СВ + кем-чем(5) 혹은 каким(5)	되다	어렸을 때 무엇이 되고 싶었니?
ста́нция	역	이 역에는 급행열차가 서지 않는다.

Сразу после экзаменов Андрей уехал отдыхать на море.

Вы видели расписание на **среду**?

Среди студентов я увидел моего друга Олега.

Ира закончила **среднюю** школу в Германии.

Поставь эту книгу на полку.

*ста́вить (ста́влю, -вишь)

Я буду ждать тебя в семь часов около **стадиона**.

Дай мне, пожалуйста, **стакан** воды.

Кем ты хотел **стать**, когда был маленьким?

*станови́ться (станов*лю́сь*, *-но́вишься*)
**стать (ста́ну, -а́нешь)

На этой **станции** скорые поезда не останавливаются.

А Б В Г Д Е Ё Ж З И Й К Л М Н О

стара́ться **НСВ** I постара́ться **СВ** I + инф	노력하다	이 일을 토요일까지 끝내려고 노력해 봐.
стари́к	노인	내가 좋아하는 책은 헤밍웨이의 «노인과 바다»이다.
ста́рость 여 단수만	노년	노년에 나는 여행을 많이 할 것이다.
ста́рший -ая, -ее, -ие	손위의, 연장자의	어린 시절 나의 형은 항상 나를 보호했다.
ста́рый -ая, -ое, -ые [비교급 ста́рше]	늙은, 오래된	이 대로에는 오래된 건물이 많다.
стать **СВ** станови́ться **НСВ**	~이 되다	어렸을 때는 많은 사람들이 대통령이 되기를 꿈꾼다.
статья́	(신문 등의) 기사, 소논문	좋은 잡지 기사는 어떻게 써야 할까?
стена́	벽	(속담) 벽에도 귀가 있다.
стипе́ндия	장학금	공부를 잘하는 학생만 장학금을 받을 수 있다.

П Р С Т У Ф Х Ц Ч Ш Щ Ъ Ы Ь Э Ю Я

Постарайся закончить эту работу до субботы.

Моя любимая книга - «**Старик** и море» Э.Хэмингуэя.

В **старости** я буду много путешествовать.

В детстве мой **старший** брат всегда защищал меня.

На этом проспекте много **старых** зданий.

В детстве многие мечтают **стать** президентом страны.

Как написать хорошую **статью** в журнал?

И у **стен** есть уши.

Только студенты, которые хорошо учатся, могут получать **стипендию**.

А Б В Г Д Е Ё Ж З И Й К Л М Н О

страда́ть НСВ I	고생하다	그는 살면서 많은 고생을 했기 때문에 무자비한 사람이 되었다.
стира́ть НСВ постира́ть СВ + что(4)	빨래하다, 씻다	엄마, 내 파란 셔츠 좀 세탁해 주세요.
стихи́ 복	시	뿌쉬낀은 시뿐만 아니라 산문도 썼다.
сто	100	월요일까지 당신은 100개의 새로운 단어를 외워야 합니다.
сто́ить НСВ II	가치가 있다, ~의 값이다	이것은 얼마인가요?
стол	책상, 탁자	이 꽃병을 탁자에 둬라.
столи́ца	수도	파리는 프랑스의 수도이다.
столо́вая 명	식당	보통 나는 대학교 식당에서 점심을 먹는다.
сто́лько	이만큼	어제 왜 이렇게 많은 돈을 쓴 거야!
сторона́	쪽, 면	당신은 길 반대쪽으로 건너가야 합니다.

Он стал жестоким человеком, потому что много **страдал** в жизни.

Мама, **постирай**, пожалуйста, мою голубую рубашку.

Пушкин писал не только **стихи**, но и прозу.

К понедельнику вам нужно выучить **сто** новых слов.

Сколько это **стоит**?

Поставь эту вазу на **стол**.

Париж – это **столица** Франции.

Обедаю я обычно в университетской **столовой**.

Вчера я потратил **столько** денег!

Вам нужно перейти на другую **сторону** улицы.

стоя́ть HCB II (стою́, стои́шь)	서 있다	아냐는 자주 창가에 서서 마당의 사람들을 보았다.
страна́	나라	한국을 고요한 아침의 나라라고들 일컫는다.
страни́ца	쪽, 페이지	교과서 181페이지를 펴세요.
стра́нный -ая, -ое, -ые	이상한, 특이한	나는 그를 이해할 수 없다. 그는 성격이 이상하다.
стра́шный -ая, -ое, -ые	무서운	때때로 나는 무서운 꿈을 꾼다.
стреми́ться* HCB + к чему(3) 혹은 инф	지향하다, 노력하다	자신의 꿈을 실현하기 위해 항상 노력해야 한다.
стро́го	엄격하게; 엄격하다	우리 선생님은 우리들에게 매우 엄격하다.
строи́тель	건축가	나의 아버지는 젊은 시절에 건축가였다.
строи́тельный -ая, -ое, -ые	건설의, 건축의	나의 어머니는 건축대학에서 공부했다.

Аня часто **стояла** у окна и смотрела на людей во дворе.

Корею называют **страной** утренней свежести.

Откройте **страницу** 181 в ваших учебниках.

Я его не понимаю. У него **странный** характер.

Иногда мне снятся **страшные** сны.

Всегда нужно **стремиться** осуществить свою мечту.

*стреми́ться (стремлю́сь, -ми́шься)

Наш преподаватель очень **строго** относится к нам.

Мой отец в молодости был **строителем**.

Моя мать училась в **строительном** институте.

А Б В Г Д Е Ё Ж З И Й К Л М Н О

стро́ить НСВ II постро́ить СВ II + что(4)	건설하다	작년에 이 학교가 세워졌다.
стро́йка [복생] стро́ек]	공사장	지금 바짐은 공사장에서 일한다.
студе́нт	남학생	학생은 내일 수업에 못 온다고 선생님에게 말했다.
студе́нтка [복생] студе́нток]	여학생	매 학기마다 우리는 새로운 학생들을 만난다.
студе́нческий -ая, -ое, -ие	학생의	학생의 밤에 모든 선생님들을 초대해야 한다.
стул [복] сту́лья]	의자	보통 나는 내 옷을 의자에 놓는다.
сты́дно	부끄럽게; 부끄럽다	너를 속인 게 나는 너무 부끄럽다.
суббо́та	토요일	나는 지마와 토요일마다 만난다.
сувени́р	기념품	러시아에서 어떤 기념품을 가져오고 싶습니까?

Эту школу **построили** в прошлом году.

Сейчас Вадим работает на **стройке**.

Студент сказал преподавателю, что завтра его не будет на уроке.

В каждом семестре мы встречаем новых студентов и **студенток**.

Надо пригласить всех преподавателей на наш **студенческий** вечер.

Я обычно кладу свою одежду на **стул**.

Мне очень **стыдно**, что я обманул тебя.

Я встречаюсь с Димой по **субботам**.

Какой **сувенир** вы хотели бы привезти из России?

А Б В Г Д Е Ё Ж З И Й К Л М Н О

судьба́ [복생] су́де́б	운명	우리의 만남은 운명이라고 생각한다.
су́мка [복생] су́мок	가방, 핸드백	내 생각에, 여자에게 핸드백은 단순히 물건을 보관하는 대상이 아닌 것 같다.
суп	수프	나는 생선 수프보다 고기 수프가 더 좋다.
су́тки [복생] су́ток	하루	우리는 이틀간 차를 렌트하고 싶다.
сухо́й -ая, -ое, -ие	건조한	이 크림은 건성 피부에 맞습니다.
существова́ть НСВ (существу́ю, -ству́ешь)	생존하다, 존재하다	얼마나 많은 종류의 새들이 지구에 존재하나요?
сце́на	무대; 장면	이것은 내가 이 영화에서 좋아하는 장면이다.
Счастли́вого пути́!		좋은 여행이 되길 바랍니다!
счастли́вый -ая, -ое, -ые	행복한	나는 해피엔딩 영화를 좋아한다.

П Р **С** Т У Ф Х Ц Ч Ш Щ Ъ Ы Ь Э Ю Я

Мне кажется, что наша встреча – это **судьба**.

Мне кажется, что для женщин **сумка** – это не просто предмет для хранения вещей.

Мне больше нравится мясной **суп**, чем рыбный.

Мы хотим арендовать автомобиль на двое **суток**.

Этот крем подходит для **сухой** кожи.

Сколько всего видов птиц **существует** на Земле?

Это моя любимая **сцена** из этого фильма.

Я люблю фильмы со **счастливым** концом.

А Б В Г Д Е Ё Ж З И Й К Л М Н О

сча́стье 단수만	행복	당신에게 있어서 행복이란 무엇인가요?
счёт	영수증, 계산서; 은행 계좌	청구서를 보내십시오.
счита́ть НСВ I **посчита́ть СВ** I + кого-что(4)	생각하다, 여기다, 세다, 계산하다	책값으로 얼마를 지불해야 하는지 계산해 봐.
съезд	집합, 집회	다음 달에 나는 러시아어 교사 총회에 간다.
сын	아들	안똔은 자신의 아들을 매우 자랑스럽게 여긴다.
сыр	치즈	나는 감자와 치즈 샐러드를 먹을래.
сюда́	여기로	왜 여기로 왔니?

| П | **С** | Т | У | Ф | Х | Ц | Ч | Ш | Щ | Ъ | Ы | Ь | Э | Ю | Я |

Что такое **счастье** для вас?

Выпишите **счёт**, пожалуйста.

Посчитай, сколько денег мы должны заплатить за эти книги.

В следующем месяце я поеду на **съезд** преподавателей русского языка.

Антон очень гордится своим **сыном**.

Я возьму салат с картошкой и **сыром**.

Зачем ты пришёл **сюда**?

♦ 407

табле́тка [복생] табле́ток	알약	약을 먹어야 하니 물을 좀 주세요.
та́йна	비밀	학자들은 언제나 자연의 신비를 밝히려고 노력한다.
так	이렇게, 그렇게	당신은 이 보고서를 이렇게 오랫동안 준비하셨군요!
так как	왜냐하면	까쨔는 이르꾸쯔끄에서 일하기로 결정했다. 왜냐하면 그녀의 친구들이 모두 거기에 살기 때문이다.
та́кже	역시	작년에 나는 몇몇 유럽 국가들도 방문했다.
таки́м о́бразом	이리하여, 따라서	내 친구들이 대학교에서 일하도록 초빙하여 나는 한국에 가게 되었다.
тако́й -ая, -ое, -ие	그러한	그런 블라우스는 네게 필요 없다.
такси́ 중 불변	택시	이제는 전화로 택시를 부를 수 있다.
тала́нт	재능	재능을 가지고 있다면 그것을 개발해야 한다.

Дай мне, пожалуйста, воды, мне нужно выпить **таблетку**.

Учёные всегда стараются открыть **тайну** природы.

Вы **так** долго готовили этот доклад!

Катя решила работать в Иркутске, **так как** все её друзья живут там.

В прошлом году я **также** посетил несколько Европейских стран.

Мои друзья пригласили меня работать в университете, **таким образом** я попал в Корею.

Тебе не нужна **такая** блузка.

Теперь можно заказать **такси** по телефону.

Если у человека есть **талант**, он должен его развивать.

А Б В Г Д Е Ё Ж З И Й К Л М Н О

тала́нтливый -ая, -ое, -ые	재능 있는	이 프로젝트는 매우 재능 있는 학생들이 참가한다.
там	거기	너 거기서 무슨 일이 있었어?
тамо́жня	세관	우리 공항 세관은 일처리가 매우 빠르다.
та́нец [단생 та́нца]	춤	우리 학교에는 다양한 춤을 배우는 특별 수업이 있었다.
танцева́ть НСВ (танцу́ю, -цу́ешь)	춤추다	나는 오늘 춤을 좀 추러 클럽에 가고 싶다.
таре́лка [복생 таре́лок]	접시	더러운 접시들을 닦아 주세요.
твёрдый -ая, -ое, -ые	단단한, 딱딱한	이 의자는 매우 딱딱해서 나는 여기에 앉는 것을 좋아하지 않는다.
твой твоя́, твоё, твои́	너의	네 재킷은 옷장에 걸려 있어.
тво́рчество 단수만	창조; 작품	이 책에서 당신은 뿌쉬낀의 작품에 관해 읽을 수 있습니다.
теа́тр	극장	에르미따쥐와 마린스끼 극장을 꼭 들러 봐.

П Р С **Т** У Ф Х Ц Ч Ш Щ Ъ Ы Ь Э Ю Я

В этом проекте участвуют очень **талантливые** студенты.

Что **там** с тобой случилось?

В нашем аэропорту **таможня** работает очень быстро.

В школе у нас были специальные занятия, на которых мы учились танцевать разные **танцы**.

Сегодня мне очень хочется пойти в клуб, чтобы немного **потанцевать**.

Помой, пожалуйста, грязные **тарелки**.

Мне не нравится сидеть на этом стуле, потому что он очень **твёрдый**.

Твой пиджак висит в шкафу.

О **творчестве** А.С. Пушкина вы можете прочитать в этой книге.

Советую тебе обязательно посетить Эрмитаж и Мариинский **театр**.

А Б В Г Д Е Ё Ж З И Й К Л М Н О

текст	텍스트, 글	이건 학술적인 글이라 나는 이해하기가 어렵다.
телеви́зор	텔레비전	텔레비전을 보지 않으면 꺼라.
телегра́мма	전보	지금은 거의 아무도 전보를 보내지 않는다.
телефо́н	전화기	스미르노프 씨를 바꿔 주세요.
те́ло	신체, 몸	사람 몸은 80%가 물로 구성되어 있다.
те́ма	주제, 테마	이 사건이 그의 새 소설의 테마다.
темно́	어둡게; 어둡다	복도가 왜 이렇게 어두워요?
температу́ра	온도, 체온, 열	지상에서 기록된 가장 낮은 기온은 영하 89도였다.
те́ннис **단수만** [тэ]	테니스	빅또르는 경기장에서 테니스를 친다.
теорети́ческий -ая, -ое, -ие	이론의, 이론적인	1학년 학생들에게는 항상 이론 수업이 많다.
тео́рия	이론	많은 학자들이 이 이론을 증명하기 위해 노력하고 있다.

П Р С **Т** У Ф Х Ц Ч Ш Щ Ъ Ы Ь Э Ю Я

Это научный **текст**, и мне трудно его понять.

Если ты не смотришь **телевизор**, выключи его.

Сейчас уже почти никто не посылает **телеграммы**.

Позовите, пожалуйста, к **телефону** господина Смирнова.

Тело человека на 80 процентов состоит из воды.

Это событие было **темой** его нового романа.

Почему так **темно** в коридоре?

Рекорд самой низкой **температуры** воздуха на Земле был -89 градусов.

Виктор играет в **теннис** на стадионе.

На первом курсе у студентов всегда много **теоретических** предметов.

Многие учёные пытаются доказать эту **теорию**.

А Б В Г Д Е Ё Ж З И Й К Л М Н О

теперь	이제는	예전에 러시아 수도는 쌍뜨뻬쩨르부르그였고, 지금은 모스끄바다.
тепло́	따뜻하게; 따뜻하다	오늘 참 따뜻하다!
теплохо́д	배, 유람선	어제 유람선을 탄 것이 너무 좋았어.
террито́рия	영토	대학교 내에서 담배를 피우면 안 된다.
теря́ть НСВ I потеря́ть СВ I + кого-что(4)	잃다	나는 잃어버릴 것이 없다.
тетра́дь 여	노트, 공책	학생들은 선생님이 칠판에 쓰는 걸 모두 공책에 적어야 한다.
те́хника 단수만	기술, 기술 장비	«삼성»은 매년 새로운 기술을 선보인다.
техни́ческий -ая, -ое, -ие	기술의, 기술적인	나는 학교에서 수학을 잘했기 때문에 기술대학에 입학하기로 결심했다.
тёмный -ая, -ое, -ые	어두운	이모는 항상 어두운 옷을 입고 다닌다.

П Р С **Т** У Ф Х Ц Ч Ш Щ Ъ Ы Ь Э Ю Я

Раньше столицей России был Санкт Петербург, а **теперь** Москва.

Как **тепло** сегодня!

Мне очень понравилось вчера кататься на **теплоходе** по реке.

На **территории** университета нельзя курить.

Мне нечего **терять**.

Студенты должны писать в **тетради** всё, что преподаватель пишет на доске.

«Samsung» каждый год представляет новую **технику**.

В школе я хорошо понимал математику, поэтому решил поступать в **технический** институт.

Моя тётя всегда ходит в **тёмной** одежде.

А Б В Г Д Е Ё Ж З И Й К Л М Н О

тёплый -ая, -ое, -ые	따뜻한	따뜻한 아파트를 얻고 싶다.
тётя	이모, 고모	내일이 이모의 생일이어서 나는 선물을 사야 한다.
тихий -ая, -ое, -ие [비교급 тише]	조용한, 고요한	오늘은 정말 따뜻하고 고요한 밤이다. 산책 가자.
тихо	조용하게, 조용하다	레나는 그의 이야기를 듣고 조용히 울었다.
тишина́	조용함, 침묵	밤 거리는 정말 고요했다.
това́р	상품	저희 상품에 만족하셨기를 바랍니다.
това́рищ	동료	여러분, 여러분들 중 누가 이 문제 푸는 것을 도와줄 수 있나요?
тогда́	그때	19살에 나는 대학교에 들어갔고, 그때 나는 생물학자가 되고 싶었다.
то́ есть	즉	우리 파티에는 원하는 모든 사람, 즉 시에 관심 있는 사람들이 올 수 있다.
то́же	또한, 역시	피곤하세요? 우리도 피곤해요.

П Р С **Т** У Ф Х Ц Ч Ш Щ Ъ Ы Ь Э Ю Я

Я хочу найти себе **тёплую** квартиру.

У моей **тёти** завтра день рождения, и мне нужно купить ей подарок.

Сегодня такой тёплый **тихий** вечер. Давай погуляем!

Лена слушала его рассказ и **тихо** плакала.

Ночью на улице была абсолютная **тишина**.

Мы надеемся, что вам понравятся наши **товары**.

Товарищи, кто из вас может помочь мне решить эту задачу?

В 19 лет я поступил в университет, **тогда** я хотел стать биологом.

На наш вечер могут прийти все желающие, **то есть** те, кто интересуется поэзией.

Вы устали? Мы **тоже** устали.

А Б В Г Д Е Ё Ж З И Й К Л М Н О

то́лстый -ая, -ое, -ые	두꺼운, 뚱뚱한	학교 다닐 때 나는 매우 뚱뚱했다.
то́лько	~만, 겨우	우리가 여기 온 지 겨우 일주일이 지났다.
то́лько что	방금, 금방	나는 방금 저녁 식사를 마쳤고, 이제 숙제를 할 것이다.
то́нкий -ая, -ое, -ие	얇은, 날씬한	이 바지는 매우 얇기 때문에 여름 바지이다.
торго́вля **단수만**	무역	대학 졸업 후 나는 무역을 하기 시작했다.
торт	케익	까쨔! 정말 맛있는 케익을 샀구나!
тот та, то, те	그, 저	좋지 않았던 곳으로는 절대 돌아가지 마라.
то́чка [**복생** то́чек]	점, 마침표	문장 끝에 마침표 찍는 것을 잊지 마세요.
то́чка зре́ния	입장, 관점	내 관점에서는 러시아 음악이 그렇게 흥미롭지 않다.
то́чно	정확하게; 정확하다	이 글은 나에게 일어난 일을 정확하게 기술하고 있다.

П Р С **Т** У Ф Х Ц Ч Ш Щ Ъ Ы Ь Э Ю Я

Когда я учился в школе, я был очень **толстым**.

Прошла **только** неделя, как мы приехали сюда.

Я **только что** закончил ужинать, сейчас начну делать домашнее задание.

Это летние брюки, потому что они очень **тонкие**.

После университета я начал заниматься **торговлей**.

Какой вкусный **торт** ты купила, Катя!

Никогда не возращайся в **те** места, где тебе было плохо.

Не забудьте поставить **точку** в конце предложения.

С моей **точки зрения**, русская музыка не очень интересная.

Этот текст очень **точно** описывает историю, которая произошла со мной.

А Б В Г Д Е Ё Ж З И Й К Л М Н О

то́чный -ая, -ое, -ые	정확한	우리가 만날 정확한 시간을 알려 줘.
трава́	풀	학생들은 잔디에 앉아 책을 읽었다.
тради́ция	전통	세상에는 많은 민족들이 조상의 전통을 지키고 있다.
трамва́й	트램, 전차	시내까지 버스나 트램을 타고 갈 수 있다.
тра́нспорт 단수만	교통, 운송	우리 도시에는 대중교통 수단이 많다.
тра́тить НСВ (тра́чу, -а́тишь) истра́тить СВ II / потра́тить СВ + что(4) + на кого-что(4)	소비하다, 쓰다	휴가에서 나는 매우 많은 돈을 썼다.
тре́бовать НСВ (тре́бую, -буешь) потре́бовать СВ + чего(2) 혹은 инф	요구하다	네 자신이 하지 않는 일을 다른 사람에게 요구할 수 없다.

П Р С **Т** У Ф Х Ц Ч Ш Щ Ъ Ы Ь Э Ю Я

Скажи мне **точное** время нашей встречи.

Студенты сидели на **траве** и читали.

В мире много народов продолжает **традиции** своих предков.

До центра можно доехать на автобусе или **трамвае**.

В моём городе много видов общественного **транспорта**.

В отпуске я **потратил** очень много денег.

Ты не можешь **требовать** от человека того, что не делаешь сам.

А Б В Г Д Е Ё Ж З И Й К Л М Н О

тренирова́ться **НСВ** (трени*ру́юсь*, *-ру́ешься*)	훈련하다	규칙적이고 지속적으로 훈련하는 것이 중요하다.
трениро́вка [**복생**] трениро́вок]	연습, 훈련	매일 아침 나는 연습하러 수영장에 간다.
тре́тий тре́тья, тре́тье, тре́тьи	세 번째의	3차 세계대전은 일어나지 않을 거라고 나는 확신한다.
три	3	커피 세 잔 주세요.
трина́дцать	13	러시아 사람들은 13이 불길한 숫자라고 말한다.
три́дцать	30	4월은 30일까지 있다.
три́ста	300	이 책에는 300페이지가 있다.
тро́е [**집합**]	셋	세 명의 학생이 오늘 수업에 오지 않았다.
тро́йка [**명**] [**복생**] тро́ек]	뜨로이까, (5점 만점의) 3점	어제 나는 고급 러시아 식당 «뜨로이까»에서 저녁 식사를 했다.
тролле́йбус	트롤리버스	서울에는 트램과 트롤리버스가 없다.

Важно **тренироваться** регулярно и постоянно.

Каждое утро я хожу на **тренировки** в бассейн.

Я уверен, что **Третьей** мировой войны не будет.

Пожалуйста, дайте мне **три** кофе.

Русские говорят, что **тринадцать** – несчастливое число.

В апреле **тридцать** дней.

В этой книге **триста** страниц.

Трое студентов сегодня не пришло на урок.

Вчера я поужинал в хорошем русском ресторане «**Тройка**».

В Сеуле нет трамваев и **троллейбусов**.

А Б В Г Д Е Ё Ж З И Й К Л М Н О

труд	일, 노동	오직 노동만이 사람을 성공에 이를 수 있게 한다.
тру́дно	어렵다, 힘들다	우리가 이 일을 제때 마치기는 어렵다.
тру́дный -ая, -ое, -ые	어려운, 힘든	나는 중국어가 매우 어렵다고 생각한다.
трудолюби́вый -ая, -ое, -ые	부지런한, 근면한	당신은 당신이 부지런한 사람이라고 생각하시나요?
туда́	거기로	나는 우체국에 가야 합니다. 우체국까지는 어떻게 가나요?
тума́н	안개	우리 도시는 아침에 자주 안개가 낀다.
тури́ст	여행자, 관광객	끄레믈과 붉은 광장은 항상 다양한 나라에서 온 많은 관광객이 찾는다.
тут	여기, 여기에	얼마나 오랫동안 여기에서 기다리고 있나요?
ту́фли 복 [복생] ту́фель	구두	복도에 있는 게 누구의 구두인가요?
ту́ча	먹구름	갑자기 먹구름이 하늘을 덮더니 비가 내렸다.

П Р С **Т** У Ф Х Ц Ч Ш Щ Ъ Ы Ь Э Ю Я

Только **труд** может помочь человеку добиться успеха.

Нам **трудно** сделать эту работу вовремя.

Я думаю, что китайский язык очень **трудный**.

Вы думаете, что вы **трудолюбивый** человек?

Мне нужно сходить на почту. Как **туда** добраться?

В моём городе утром часто бывает **туман**.

Кремль и Красную площадь всегда посещает много **туристов** из разных стран.

Как долго ты уже ждёшь **тут**?

Чьи **туфли** стоят в коридоре?

Вдруг небо закрыли **тучи** и пошёл дождь.

А Б В Г Д Е Ё Ж З И Й К Л М Н О

ты	너	올렉, 이걸 왜 했니?
ты́сяча	1000	이게 천 배 더 낫다.
тюрьма́ [복생 тю́рем]	감옥	죄인은 감옥에 있어야 한다.
тяжёлый -ая, -ое, -ые	무거운, 힘든	이 가방은 매우 무겁다.

П Р С **Т** У Ф Х Ц Ч Ш Щ Ъ Ы Ь Э Ю Я

Олег, зачем **ты** это сделал?

Это в **тысячу** раз лучше.(구어체)

Преступник должен сидеть в **тюрьме**.

Это сумка очень **тяжёлая**.

У

у **1) у кого(2)** **2) где(6)**	1) 있다 2) 근처에	나는 오늘 수업이 3개 있다. 극장 근처에서 저녁 8시에 만나자.
убега́ть НСВ I **убежа́ть СВ** (*убегу́, -бежи́шь*) **+ куда(4)** **+ откуда(2)**	도망가다, 급히 가다	미안해. 난 지금 가야 해서 너랑 이야기할 수가 없어.
убежда́ть НСВ I **убеди́ть СВ** (1인칭 안쓰임, *убеди́шь*) **+ кого(4) + в чём(6)**	설득하다, 납득시키다	나의 부모님은 나에게 의대에 들어가라고 설득하려고 한다.
убива́ть НСВ I **уби́ть СВ** (*убью́, -бьёшь*) **+ кого(4)**	죽이다	TV에서 자기 가족을 죽인 남자에 대해 이야기했다.
убира́ть НСВ I **убра́ть СВ** (*уберу́, -берёшь*) **+ что(4)**	치우다, 청소하다	내일 친구들이 오기 때문에 나는 오늘 저녁 꼭 아파트를 청소해야 한다.
уважа́емый -ая, -ое, -ые	존경하는	존경하는 라리사 니꼴라예브나! (편지나 연설 등의 서두)

1) **У** меня сегодня будет три урока.
2) Давай встретимся **у** театра в 8 вечера.

Извини, я не могу с тобой сейчас разговаривать, мне надо **убегать**.

Мои родители пытаются **убедить** меня поступать в медицинский университет.

По телевизору рассказали о мужчине, который **убил** свою семью.

Сегодня вечером мне обязательно нужно **убрать** квартиру, потому что завтра ко мне приедут друзья.

Уважаемая Лариса Николаевна!

А Б В Г Д Е Ё Ж З И Й К Л М Н О

уважа́ть НСВ I + кого-что(4)	존경하다, 존중하다	아이들은 부모님을 존경해야 한다.
увели́чиваться НСВ I увели́читься СВ II	커지다, 증가하다	매년 대학에 입학하는 학생 수가 증가하고 있다.
уве́рен 형단 уве́рена, уве́рены	확신하다	나는 시험을 잘 치를 거라고 굳게 확신했다.
увлека́ться НСВ I увле́чься* СВ + кем-чем(5)	좋아하다, 즐기다, 빠지다	학창 시절에 네가 록음악에 빠져 있던 게 생각난다.
увлече́ние	취미	오늘 학생들은 수업에서 자신의 취미에 대해 이야기했다.
увози́ть* НСВ увезти́** СВ + кого-что(4) + куда(4)	(탈 것으로) 데리고 가다, 운반해 가다	오래된 가구를 별장으로 가져가야 한다.
у́гол [단생] угла́	모퉁이	집 모퉁이에서 너를 기다릴게.
у́голь [단생] угля́	석탄	일부 시골에서는 사람들이 아직도 석탄을 사용한다.

П Р С Т **У** Ф Х Ц Ч Ш Щ Ъ Ы Ь Э Ю Я

Дети должны **уважать** своих родителей.

Каждый год количество студентов, которые поступают в университет, **увеличивается**.

Я был абсолютно **уверен**, что сдал экзамен хорошо.

Я помню, что в школе ты **увлекался** рок-музыкой.

*увле́чься (увлеку́сь, -ечёшься)

Сегодня студенты на уроке рассказывали о своих **увлечениях**.

Нужно **увезти** старую мебель на дачу.

*увози́ть (увожу́, -о́зишь)
**увезти́ (🆎 увёз, увезла́, увезли́)

Я буду ждать тебя на **углу** дома.

В некоторых деревнях люди всё ещё используют **уголь**.

А Б В Г Д Е Ё Ж З И Й К Л М Н О

удава́ться (3인칭만 사용, удаётся) уда́ться CB I + инф	성공하다, 잘되다	우리는 신속하게 이 문제를 해결하는 데 성공했다.
уда́р	타격, 습격	갑자기 사람들은 강한 타격을 느꼈다.
уда́рить CB II + кого́(4)	때리다, 치다; 습격하다	조용히 하지 않으면 때릴 거야.
удивле́ние	놀람, 감탄	나는 놀랍게도 우리 학교에 많은 아프리카 학생들이 공부하고 있다는 것을 알았다.
удиви́тельный -ая, -ое, -ые	놀라운, 환상적인	오늘 비까는 나에게 놀라운 이야기를 해 줬다.
удивля́ться НСВ I удиви́ться* СВ + кому́-чему́(3)	놀라다, 감탄하다	나는 너를 여기에서 보고 매우 놀랐다.
удо́бно	편안하게; 편안하다	5시에 만나는 게 편하세요?
удо́бный -ая, -ое, -ые	편안한, 쾌적한	이 청바지가 가장 편하다.

Нам **удалось** быстро решить эту проблему.

Вдруг люди почувствовали сильный **удар**.

Если ты сейчас не замолчишь, я тебя **ударю**.

Я с **удивлением** узнал, что в нашем университете учится много студентов из Африки.

Сегодня Вика рассказала мне **удивительную** историю.

Я очень **удивился**, когда увидел тебя здесь.

*удиви́ться (удивлю́сь, -ви́шься)

Вам **удобно** встретиться в 5 часов?

Эти джинсы самые **удобные**.

А Б В Г Д Е Ё Ж З И Й К Л М Н О

удово́льствие	희열, 쾌락	나는 토요일에 기꺼이 너와 만날 거야.
уезжа́ть НСВ I уе́хать СВ (уе́ду, уе́дешь) + куда(4) откуда(2)	(교통수단을 이용하여) 떠나다	오늘 나는 형과 함께 부모님께 간다.
ужа́сно	끔찍하게; 끔찍하다	이 학생은 심하게 공부를 못한다.
ужа́сный -ая, -ое, -ые	끔찍한, 매우 나쁜	밖에는 엄청난 비가 쏟아지고 있다.
уже́	벌써, 이미	우리는 이미 이 오페라 표를 샀다.
у́жин	저녁 식사	나는 오늘 저녁으로 해산물 샐러드를 만들 것이다.
у́жинать НСВ I поу́жинать СВ I	저녁 식사하다	신년 저녁에는 늘 부모님과 친척들과 함께 저녁 식사를 한다.
у́зкий -ая, -ое, -ие [비교급 у́же]	좁은	요즘 젊은 사람들은 꽉 끼는 청바지를 입는 걸 좋아한다.

П Р С Т **У** Ф Х Ц Ч Ш Щ Ъ Ы Ь Э Ю Я

Я с **удовольствием** встречусь с тобой в субботу.

Сегодня мы с братом **уезжаем** к родителям.

Этот студент **ужасно** учится.

На улице идёт **ужасный** дождь.

Мы **уже** купили билеты на эту оперу.

Сегодня на **ужин** я приготовлю салат из морепродуктов.

В новогодний вечер мы всегда **ужинаем** с родителями и родственниками.

Сейчас молодые люди любят носить **узкие** джинсы.

А Б В Г Д Е Ё Ж З И Й К Л М Н О

узнава́ть* НСВ узна́ть СВ I + кого́-что(4) 혹은 о чём(6)	알게 되다, 알아보다	어제 안나는 블라지미르가 이미 고국으로 떠났다는 걸 알았다.
уко́л	주사	나는 주사를 매우 무서워한다.
улета́ть НСВ I улете́ть* СВ + куда́(4) + отку́да(2)	날아가다	언제 모스끄바로 가니?
у́лица	거리	불행히도 우리는 길에서 자주 가난한 사람들을 만난다.
улучша́ть НСВ I улу́чшить СВ II + что(4)	개선시키다, 발전시키다	나는 끊임없이 내 러시아어 실력을 발전시키려고 노력한다.
улучша́ться НСВ I улу́чшиться СВ II	좋아지다, 나아지다	다음 주 날씨는 좋아질 것이다.
улыба́ться НСВ I улыбну́ться СВ I	웃다, 미소 짓다	러시아 인들은 낯선 사람에게 미소 짓지 않는다고들 이야기한다.
улы́бка [복생] улы́бок	미소, 웃음	이 아가씨는 매우 아름다운 미소를 가지고 있다.

П Р С Т **У** Ф Х Ц Ч Ш Щ Ъ Ы Ь Э Ю Я

Вчера Анна **узнала**, что Владимир уже уехал на родину.

*узнава́ть (узн*аю́, -аёшь*)

Я очень боюсь **уколов**.

Когда ты **улетаешь** в Москву?

*улете́ть (улечу́, улети́шь)

К сожалению, мы часто встречаем на **улице** бедных людей.

Я постоянно стараюсь **улучшить** мой русский язык.

Погода на следующей неделе **улучшится**.

Говорят, что русские не **улыбаются** незнакомым.

У этой девушки очень красивая **улыбка**.

А Б В Г Д Е Ё Ж З И Й К Л М Н О

уменьша́ться HCB I уме́ньшиться CB II	작아지다, 줄다	우리 학교 아이들의 수가 지속적으로 감소하고 있다.
уме́ть HCB I суме́ть CB I + инф	할 줄 알다, 할 수 있다	내 여동생은 전혀 요리할 줄 모른다.
умира́ть HCB I умере́ть* CB	죽다	나의 어머니가 돌아가셨을 때 나는 오랫동안 슬퍼했다.
у́мный -ая, -ое, -ые	똑똑한, 영리한	똑똑한 사람들은 모두에게서, 언제나, 어디서나 배운다는 말은 정말 옳은 말이다.
умыва́ться HCB I умы́ться* CB	세수하다	자기 전에 세수하는 것을 잊지 마라.
универма́г	백화점	보통 나는 백화점에서 식료품을 산다.
университе́т	대학교	넌 어느 대학교에서 공부하니?
университе́тский -ая, -ое, -ие	대학의	수업 후 보통 나는 대학 도서관으로 공부하러 간다.

Количество детей в нашей школе постоянно **уменьшается**.

Моя сестра совершенно не **умеет** готовить.

Когда **умерла** моя мать, я очень долго горевал.

*умере́ть (умру́, умрёшь; 🆔 у́мер, -ла́, -ли)

Абсолютно верно, что **умные** учатся у всех, всегда и везде.

Не забудь **умыться** перед сном.

*умы́ться (у*мо́юсь, -мо́ешься*)

Обычно я покупаю продукты в **универмаге**.

В каком **университете** ты учишься?

После урока я обычно иду заниматься в **университетскую** библиотеку.

А Б В Г Д Е Ё Ж З И Й К Л М Н О

уника́льный -ая, -ое, -ые	독특한	바이칼은 독특한 호수이다.
употребля́ть НСВ I употреби́ть* **СВ** + **что(4)**	사용하다, 복용하다	나는 외래어를 자주 쓴다.
упражне́ние	연습문제	먼저 텍스트를 읽고, 그 다음에 연습 문제를 푸세요.
урожа́й	추수, 수확	가을에 시골에서는 추수를 한다.
уро́к	수업, 과	따냐는 종종 수업에 늦는다.
усло́вие	조건	저는 거주 조건에 대해 알고 싶습니다.
успева́ть НСВ I успе́ть **СВ** I + **куда(4)** 혹은 **инф**	시간 내에 하다, 성공하다	시간이 정말 조금 남았어. 시간 내에 가능할까?
успе́х	성공	행복과 성공을 기원합니다!
успе́шно	성공적으로, 성공적이다	모든 학생이 다 시험을 잘 치르지는 못했다.

П Р С Т **У** Ф Х Ц Ч Ш Щ Ъ Ы Ь Э Ю Я

Байкал – **уникальное** озеро.

Я часто **употребляю** иностранные слова.

*употреби́ть (употребл*ю́*, -б*и́*шь)*

Сначала прочитайте текст, а потом выполните **упражнения**.

Осенью в деревне собирают **урожай**.

Таня часто опоздывает на **урок**.

Я хотел бы узнать **условия** проживания.

У нас осталось совсем мало времени. Мы **успеем**?

Желаем вам счастья и **успеха**!

Не все студенты **успешно** сдали экзамен.

А Б В Г Д Е Ё Ж З И Й К Л М Н О

успока́иваться НСВ I успоко́иться СВ II	안정되다, 편안해지다	좋은 음악은 내가 안정을 취하는 데 도움을 준다.
устава́ть НСВ (устаю́, -стаёшь) уста́ть СВ (уста́ну, -ста́нешь)	피곤하다	어제 나는 너무 피곤해서 아주 일찍 잠자리에 들었다.
уста́лый -ая, -ое, -ые	피곤한, 지친	너는 매우 피곤해 보인다.
усы́ 복 [복 ус]	콧수염	너에게 콧수염이 매우 잘 어울린다.
у́стный -ая, -ое, -ые	구두의, 말의	이 주제에 대해 구두로 이야기를 만들어 보세요.
у́стно	구두로	나는 구술시험을 더 좋아한다.
у́тренний -яя, -ее, -ие	아침의	아침 수업에는 지금보다 학생들이 더 적었다.
у́тро	아침	매일 아침 우리는 공원에서 조깅을 한다.
у́тром	아침에	아침에 세르게이는 보통 커피를 마신다.

П Р С Т **У** Ф Х Ц Ч Ш Щ Ъ Ы Ь Э Ю Я

Хорошая музыка помогает мне **успокоиться**.

Вчера я так **устал**, что очень рано лёг спать.

Ты выглядишь очень **усталым**.

Тебе очень идут **усы**.

Составьте **устный** рассказ на эту тему.

Я предпочитаю сдавать экзамены **устно**.

На **утреннем** уроке было меньше студентов, чем сейчас.

Каждое **утро** мы бегаем в парке.

Утром Сергей обычно пьёт кофе.

А Б В Г Д Е Ё Ж З И Й К Л М Н О

у́хо [복 у́ши]	귀	너 귀가 왜 이렇게 빨갛니?
уходи́ть НСВ (ухожу́, -хо́дишь) уйти́* СВ + куда(4) + откуда(2)	(걸어서) 떠나다, 가다	곧 집으로 가실 건가요?
уча́ствовать* НСВ + в чём(6)	참여하다	미쨔는 자주 시합에 참가한다.
уче́бник	교과서	우리는 새 러시아어 교과서를 사야 한다.
уче́бный -ая, -ое, -ые	학업의, 교과서의	학습 과정에서 다양한 방법들을 사용하는 것은 중요하다.
учени́к	남학생	학교 다닐 때 나는 항상 훌륭한 학생이었다.
учени́ца	여학생	까쨔는 매우 재능 있는 학생이다.
учёба 단수만	공부, 학업	방과 후에 당신은 자유 시간이 많은가요?
учёный 명	학자	이 연구소에는 유명한 학자가 많이 일하고 있다.

П Р С Т **У** Ф Х Ц Ч Ш Щ Ъ Ы Ь Э Ю Я

Почему у тебя такие красные **уши**?

Вы скоро **уходите** домой?

*уйти́ (уйду́, -йдёшь; ⓟ ушёл, ушла́, ушли́)

Митя часто **участвует** в соревнованиях.

*уча́ствовать (уча́ствую, -ствуешь)

Нам надо купить новый **учебник** по русскому языку.

Важно использовать различные методы в **учебном** процессе.

Когда я учился в школе, я всегда был хорошим **учеником**.

Катя – очень способная **ученица**.

Много ли свободного времени у вас остаётся после **учёбы**?

В этом институте работает много известных **учёных**.

А Б В Г Д Е Ё Ж З И Й К Л М Н О

учи́лище	전문학교	모든 학생들이 고등학교 졸업 후 대학교를 가는 것은 아니며, 일부는 전문학교에 진학한다.
учи́тель 남	교사	우리 엄마는 중학교 선생님으로 일한다.
учи́тельница 여	여교사	나는 아직까지 나의 첫 번째 선생님의 이름을 기억한다.
учи́ть¹ НСВ II вы́учить СВ II + что(4)	학습하다	어제 수업에서 우리는 새 단어들을 공부했다.
учи́ть² НСВ II научи́ть СВ II + кого́(4) + чему́(3) 혹은 инф	가르치다	엄마는 딸에게 수프 만드는 법을 가르친다.
учи́ться¹ НСВ II + где(6)	공부하다	내 친구들은 역사학부에서 공부한다.
учи́ться² НСВ II научи́ться СВ II + инф	배우다	너는 어디에서 이렇게 기타를 잘 치는 방법을 배웠니?

Не все школьники поступают в университет после школы, некоторые идут в **училища**.

Моя мама работает **учителем** в средней школе.

Я до сих пор помню, как зовут мою первую **учительницу**.

Вчера на уроке мы **учили** новые слова.

Мама **учит** дочь готовить суп.

Мои друзья **учатся** на историческом факультете.

Где ты **научился** так хорошо играть на гитаре?

Ф

фа́брика	공장	우리 도시에는 공장이 많이 있었지만, 지금은 대부분 문을 닫았다.
факс	팩스	지금 팩스를 보내고 너에게 갈게.
факт	사실, 진실	자신의 삶에서 아무거나 재미있는 사실을 이야기해 주세요.
факульте́т	학과, 학부	당신의 대학교에는 어떤 학부들이 있습니까?
фами́лия	성	러시아에서 여자는 결혼 후 남편의 성을 따른다.
фаши́зм **단수만**	파시즘, 전체주의	소비에트 군대는 파시즘을 이겼다.
фаши́ст	파시스트	나는 파시스트와 이야기하고 싶지 않다.
февра́ль **남**	2월	지금은 아직 2월이지만 거리는 완연한 봄 날씨다.
фе́рмер	농부, 농장주	나의 할아버지는 농부였고, 평생을 시골에서 살았다.
фестива́ль **남**	페스티벌, 축제	한국에는 봄과 여름에 축제가 아주 많다.

В нашем городе было много **фабрик**, но сейчас многие из них закрыты.

Сейчас я отправлю **факс** и подойду к тебе.

Расскажите какой-нибудь интересный **факт** из своей жизни.

Какие **факультеты** есть в вашем университете?

В России женщина после свадьбы берёт **фамилию** мужа.

Советская армия победила **фашизм**.

Я не хочу разговаривать с **фашистом**.

Сейчас ещё **февраль**, но на улице прекрасная весенняя погода.

Мой дедушка – **фермер**, он всю жизнь живёт в в деревне.

В Корее весной и летом очень много **фестивалей**.

фигу́рное ката́ние	피겨스케이팅	피겨스케이팅은 한국에서 가장 인기 있는 스포츠 종목 중 하나이다.
фи́зик	물리학자	나는 물리학자 친구들이 몇 명 있다.
фи́зика	물리학	자연과학은 자연과 그 법칙을 연구하는, 생물학, 천문학, 화학, 물리학 등등과 같은 학문이다.
физи́ческий -ая, -ое, -ие	물리학의, 육체의	나는 항상 아침마다 체조를 한다.
фило́лог	어문학자	나는 항상 어문학자가 되고 싶었다.
филологи́ческий -ая, -ое, -ие	어문학의	어문학부에서 학생들은 언어와 문학을 배운다.
филоло́гия	어문학	어문학은 매우 흥미로운 학문이다.
фило́соф	철학자	니체는 유명한 독일 철학자이다.
филосо́фия	철학	대학원에서 학생들은 철학을 배워야 한다.
филосо́фский -ая, -ое, -ие	철학의, 철학적인	이것은 매우 철학적인 질문이다.

Фигурное катание – один из самых популярных видов спорта в Корее.

У меня есть несколько друзей **физиков**.

Естественные науки – это науки, изучающие природу и её законы, такие как биология, астрономия, химия, **физика** и т.д.

Я всегда делаю **физические** упражнения по утрам.

Я всегда хотел стать **филологом**.

На **филологическом** факультете студенты изучают языки и литературу.

Филология – очень интересная наука.

Ф. Ницше – известный немецкий **философ**.

В аспирантуре студенты должны изучать **философию**.

Это очень **философский** вопрос.

А Б В Г Д Е Ё Ж З И Й К Л М Н О

фильм	영화	지금 영화관에서 어떤 영화가 상영 중입니까?
фи́рма	회사	당신 회사의 대표 이름은 무엇입니까?
флаг	깃발	러시아의 깃발은 «삼색기»라 불리운다.
фонта́н	분수	도심에는 매우 아름답고 큰 분수가 있다.
фо́рма	형태, 외형; 형식, 서식	학생들이 교복을 입고 다니는 것이 나는 맘에 든다.
фотоаппара́т	카메라	나는 이미 오래전부터 새 카메라를 사고 싶었다.
фотографи́ро- вать* **НСВ** с- **СВ** + кого-что(4)	사진 찍다	죄송하지만, 사진 좀 찍어 주실 수 있나요?
фотографи́ро- ваться* **НСВ** с- **СВ**	촬영되다	나는 사진발이 좋지 않아서 사진 찍히는 것을 좋아하지 않는다.
фотогра́фия	사진	책상 위에 내 (여자) 친구의 사진이 놓여 있다.

П Р С Т У **Ф** Х Ц Ч Ш Щ Ъ Ы Ь Э Ю Я

Какие **фильмы** показывают сейчас в кинотеатре?

Как зовут руководителя вашей **фирмы**?

Российский **флаг** называется «триколор».

В центре города есть очень красивый большой **фонтан**.

Мне нравится, когда школьники ходят в школьной **форме**.

Я уже давно хочу купить себе новый **фотоаппарат**.

Извините, вы не могли бы нас **сфотографировать**?

*фотографи́ровать (фотографи́*рую, -руешь*)

Мне не нравится, как я выгляжу на фотографиях, поэтому я не люблю **фотографироваться**.

*фотографи́роваться (фотографи́*руюсь, -руешься*)

На столе стоят **фотографии** моей подруги.

А Б В Г Д Е Ё Ж З И Й К Л М Н О

фра́за	구문	노트에 이 구문을 쓰세요.
францу́женка	프랑스 여자	프랑스 여자들은 매우 예쁜 것 같다.
францу́з	프랑스 남자	프랑스 인들은 적포도주를 매우 좋아한다.
францу́зский -ая, -ое, -ие	프랑스의, 프랑스인의	프랑스 정부 장학금은 졸업반 학생들만 받을 수 있다.
фронт	프론트, 전선	1941년에 나의 할아버지는 전방으로 떠나셨다.
фру́кты 복	과일	그는 내게, 우리나라에는 어떤 과일이 자라는지 물었다.
футбо́л 단수만	축구	모두가 월드컵 관람을 좋아한다.
футболи́ст	축구 선수	당신은 러시아 축구 선수 중 알고 있는 선수가 있나요?

П Р С Т У **Ф** Х Ц Ч Ш Щ Ъ Ы Ь Э Ю Я

Запишите эту **фразу** в тетради.

Мне кажется, что **француженки** очень красивые.

Французы очень любят красное вино.

Стипендию **французского** правительства могут получать только студенты последних курсов.

В 1941 году мой дедушка ушёл на **фронт**.

Он меня спросил, какие **фрукты** растут в моей стране.

Все любят смотреть чемпионат мира по **футболу**.

Вы знаете кого-нибудь из российских **футболистов**?

X

хара́ктер	성격, 특징	당신의 성격이 어떤지 말해 주세요.
хвали́ть НСВ II похвали́ть СВ II + кого-что(4)	칭찬하다	선생님은 쪽지시험을 잘 본 것에 대해 나를 칭찬했다.
хвата́ть НСВ хвати́ть СВ 무인칭구문 + чего(2)	충분하다	나는 항상 시간이 부족하다.
хи́мик	화학자	나의 아버지는 화학자이고, 화학 연구소에서 일한다.
хими́ческий -ая, -ое, -ие	화학의, 화학적인	과학자는 복잡한 화학 실험을 하고 있다.
хи́мия	화학	나는 화학을 전혀 이해하지 못한다.
хиру́рг	외과 의사	외과 의사는 나에게 수술을 해야 한다고 말했다.
хлеб 단수만	빵	갓 구운 빵은 너무 맛있고 부드러워서 늘 기분 좋게 먹는다.
хо́бби 중 불변	취미	네 취미는 뭐니?

Расскажите, какой у вас **характер**.

Преподаватель **похвалил** меня за отличную контрольную работу.

Мне постоянно не **хватает** времени.

Мой отец – **химик**, и он работает в химической лаборатории.

Учёный проводит сложный **химический** эксперимент.

Я совсем ничего не понимаю в **химии**.

Хирург сказал, что мне нужно делать операцию.

Свежий **хлеб** очень вкусный и мягкий, поэтому всегда приятно его есть.

Какое у тебя **хобби**?

ходи́ть **НСВ** (хожу́, хо́дишь) + **куда(4)**	걷다, 다니다	어제 우리는 오랫동안 공원을 걸었다.
хозя́ин	주인	우리는 방으로 들어가서 주인과 인사했다.
хозя́йка [복생] хозя́ек	여주인, 주부	여주인은 손님들을 저녁 식사에 초대했다.
хозя́йство	살림; 경제	농업과 임업은 기본적인 생산 활동으로 여겨진다.
хоккеи́ст	하키 선수	나의 아들은 하키 선수가 되고 싶어한다.
хокке́й **단수만**	하키	나는 하키가 재미없는 스포츠라고 생각한다.
хо́лодно	춥게; 춥다	많은 사람들이 러시아는 항상 춥다고 생각한다.
холо́дный -ая, -ое, -ые	추운	내 방은 춥다.
хор	합창	학교 때 나는 합창부에서 노래를 불렀다.

П Р С Т У Ф **Х** Ц Ч Ш Щ Ъ Ы Ь Э Ю Я

Вчера мы долго **ходили** по парку.

Мы вошли в комнату и поздоровались с **хозяином**.

Хозяйка дома пригласила гостей ужинать.

Сельское и лесное **хозяйство** считается основными видами производства.

Мой сын хочет стать **хоккеистом**.

Мне кажется, что **хоккей** – скучный вид спорта.

Многие думают, что в России всегда **холодно**.

У меня **холодная** комната.

В школе я пел в **хоре**.

А Б В Г Д Е Ё Ж З И Й К Л М Н О

хоро́ший -ая, -ее, -ие [비교급 лу́чше]	좋은	그거 정말 좋은 생각이다!
хорошо́	좋게, 잘; 좋다	모든 학생들이 시험을 잘 치렀다.
хоте́ть* НСВ + что(4) 혹은 инф	원하다, 하고 싶다	우리는 모두 이 프로젝트에 참가하고 싶었다.
хоте́ться* НСВ +кому(3) + инф	원하다	벌써 늦었지만, 나는 자고 싶지가 않다.
хотя́	~에도 불구하고	자고 싶었지만 오랫동안 잠들 수가 없었다.
храм	사원, 성당	부산에 갔을 때 나는 매우 아름다운 사원에 갔었다.
худо́жественный -ая, -ое, -ые	예술의, 미술의	오늘 매우 재미있는 예술영화가 방영될 것이다.
худо́жник	화가	미술관에서 한국 화가들의 새로운 전시회가 열렸다.
худо́й -ая, -ое, -ые	날씬한, 마른	나의 남자 친구는 매우 말랐다.

П Р С Т У Ф **Х** Ц Ч Ш Щ Ъ Ы Ь Э Ю Я

Это очень **хорошая** идея!

Все студенты **хорошо** написали экзамен.

Мы все **хотели** участвовать в этом проекте.

*хоте́ть (хочу́, хо́чешь, хоти́м, хоти́те)

Уже поздно, но мне совсем не **хочется** спать.

*хоте́ться (хо́чется, хоте́лось)

Я долго не мог заснуть, **хотя** очень хотел спать.

Когда я был в Пусане, я ходил в очень красивый **храм**.

Сегодня по телевизору будут показывать очень интересный **художественный** фильм.

В галерее открылась новая выставка корейских **художников**.

Мой молодой человек очень **худой**.

царь	황제, 짜르	니꼴라이 2세는 러시아 제국의 마지막 짜르였다.
цвет	색깔	세 가지 기본 색상은 빨강, 노랑, 파랑이다.
цветно́й -ая, -ое, -ые	여러 색의, 색이 있는	매일 밤 나는 매우 아름답고 다양한 색의 꿈을 꾼다.
цветы́ 복 [단] цвето́к] [단생] цветка́]	꽃	우리 집 발코니에는 꽃이 많다.
целова́ть НСВ (целу́ю, -лу́ешь) поцелова́ть СВ + кого-что(4)	키스하다	매일 아침 나는 어머니에게 키스를 한다.
целова́ться НСВ I поцелова́ться СВ I + с кем(5)	~와 키스하다	젊은 사람들이 길거리에서 키스하면 안 된다고 생각한다.
це́лый -ая, -ое, -ые	전체의, 온	어디에 갔었니? 하루 종일 너를 찾았어.
цель 여	목표, 목적	인생의 목표가 무엇입니까?

Николай II был последним **царём** Российской империи.

Три основных **цвета** – это красный, жёлтый и синий.

Я каждую ночь вижу очень красивые **цветные** сны.

У меня на балконе много **цветов**.

Я каждое утро **целую** маму.

Я думаю, что молодым людям не нужно **целоваться** на улице.

Где ты был? Я **целый день** тебя ищу.

Какая у вас **цель** в жизни?

А Б В Г Д Е Ё Ж З И Й К Л М Н О

цена́	가격, 값	다른 가게에 가 보자. 여기는 너무 비싸다.
цени́ть НСВ II + кого-что(4)	높이 평가하다, 중시하다	사람을 볼 때 나는 선함과 솔직함을 중시한다.
це́нный -ая, -ое, -ые	고가의, 귀중한	나의 아버지는 항상 나에게 귀중한 조언을 해 준다.
центр	중심지, 시내	모스끄바 중심부에는 관광객들이 좋아하는 명승지가 많다.
центра́льный -ая, -ое, -ые	시내의, 중심가의	내 생각에 너는 중앙 시장에 가는 것이 좋을 것 같아.
це́рковь 여 [단생 це́ркви]	교회	매주 일요일 우리 가족은 모두 교회에 간다.
цирк	서커스	나는 모스끄바 서커스에 가본 적이 없다.
ци́фра	숫자	당신은 이 날짜를 숫자로 쓸 수 있습니다.

Пойдём в другой магазин, в этом – слишком высокие **цены**.

В людях я **ценю** доброту и искренность.

Мой отец всегда даёт мне **ценные** советы.

В **центре** Москвы много достопримечательностей, которые нравятся туристам.

Я думаю, что тебе лучше поехать на **центральный** рынок.

Каждое воскресенье мы всей семьёй ходим в **церковь**.

Я никогда не был в московском **цирке**.

Вы можете написать это число **цифрами**.

Ч

чай	차	나는 무엇보다 레몬을 넣은 홍차를 좋아한다.
чáйник	찻주전자	차를 마시고 싶어. 찻주전자 좀 올려 줘.
час	1시간	우리는 벌써 4시간 동안 이 문제를 풀고 있다.
чáсто [비교급 чáще]	자주	올가는 출장을 자주 다닌다.
часть 여	부분	이 텍스트의 첫 부분만 읽어 보세요.
часы́ 복수만	시계	나는 시계가 없어서 지금 몇 시인지 모른다.
чáшка [복생 чáшек]	찻잔	당신에게 뜨거운 차 한 잔을 대접하고고 싶습니다.
чей чья, чьё, чьи	누구의	누구의 물건이 저 아래에 놓여 있습니까?
чей-нибýдь	누군가의, 누구의 것이든	누구의 우산이든 나에게 10분만 빌려 주세요.
чей-то	누군가의	책상에 누군가의 교과서가 있다.

Мне больше всего нравится чёрный **чай** с лимоном.

Мне очень хочется чая. Поставь, пожалуйста, **чайник**.

Мы решаем это задание уже четыре **часа**.

Ольга **часто** ездит в командировки.

Прочитайте только первую **часть** этого текста.

У меня нет **часов**, поэтому я не знаю сколько сейчас времени.

Хочу предложить вам **чашку** горячего чаю.

Чьи вещи лежат там внизу?

Дайте мне **чей-нибудь** зонт на 10 минут.

На столе лежал **чей-то** учебник.

А Б В Г Д Е Ё Ж З И Й К Л М Н О

челове́к [복 лю́ди]	사람	너는 성격이 어떤 사람이니?
челове́чество **단수만**	인류	언젠가는 인류가 멸망할 거라고 나는 확신한다.
чем	~보다	여러분 중 누가 나보다 더 동물을 많이 가지고 있습니까?
чемода́н	여행 가방	여행 가방이 너무 무거워서 들고 있기가 매우 힘들었다.
чемпио́н	챔피언	네가 챔피언이 되고 싶다면, 매일 훈련을 해야 한다.
чемпиона́т	선수권 대회	한국에서는 월드컵을 한 번 개최했다.
че́рез + что(4)	1) ~을 건너서 2) 지나서	길을 건너셔야 합니다. 이반 뻬뜨로비치는 나가서 30분 후에 돌아올 것이다.
че́стный -ая, -ое, -ые	정직한, 솔직한	대통령은 정직한 사람이어야 한다.
четве́рг	목요일	친애하는 학생 여러분, 목요일에 우리 학교에서는 모스끄바에서 오신 유명한 교수님의 강의가 있을 것입니다.

П Р С Т У Ф Х Ц **Ч** Ш Щ Ъ Ы Ь Э Ю Я

Какой ты **человек** по характеру?

Я уверен, что когда-нибудь **человечество** погибнет.

У кого из вас больше животных, **чем** у меня?

Чемодан был очень тяжёлый, и было очень трудно его держать.

Если ты хочешь стать **чемпионом**, нужно каждый день тренироваться.

В Корее однажды проходил **чемпионат** мира по футболу.

1) Вам нужно перейти **через** дорогу.
2) Иван Петрович вышёл и вернётся **через** полчаса.

Президент должен быть **честным** человеком.

Уважаемые студенты, в **четверг** в нашем институте будет лекция известного московского профессора.

А Б В Г Д Е Ё Ж З И Й К Л М Н О

че́творо 집합	4명	내 친구 4명은 미국으로 유학을 갔다.
че́тверть 여	4분의 일	영화는 4시 15분에 시작한다.
четвёрка [복생 четвёрок]	(5점 만점의) 4점	학교에서 나는 4점과 5점만 받았다.
четвёртый -ая, -ое, -ые	네 번째의	나는 벌써 4시간째 숙제를 하고 있다.
четы́ре	4	어제 나는 내 셔츠를 4개 샀다.
четы́реста	400	나의 아버지 서재에는 약 400권의 책이 있다.
четы́рнадцать	14	14살 때 나는 책 읽는 것을 좋아하지 않았다.
чёрный -ая, -ое, -ые	검은, 검은색의	그녀는 검은색이 어울린다.
числи́тельное 명	수사	다음 수업을 위해 수사를 복습하기 바랍니다.
число́ [복생 чи́сел]	숫자, 날짜	오늘이 며칠이지?

Четверо моих друзей поехали учиться в Америку.

Фильм начинается в **четверть** пятого.

В школе я получал только **четвёрки** и пятёрки.

Я делаю домашнее задание уже **четвёртый** час.

Вчера я купил себе **четыре** новые рубашки.

В библиотеке моего отца почти **четыреста** книг.

В **четырнадцать** лет я не любил читать книги.

Ей идёт **чёрное**.

На следующий урок повторите, пожалуйста, **числительные**.

Какое сегодня **число**?

А Б В Г Д Е Ё Ж З И Й К Л М Н О

чи́стый -ая, -ое, -ые	깨끗한	깨끗한 셔츠가 남아 있지 않아 나는 옷을 세탁해야만 한다.
чита́льный	열람의	따냐는 수업 후 항상 열람실에서 공부를 하니 거기서 그녀를 찾을 수 있다.
чита́тель	독자	이 책은 다양한 연령대의 독자들에게 흥미가 있을 것이다.
чита́ть НСВ I прочита́ть СВ I + что(4)	읽다	뿌쉬낀은 반드시 읽어 봐야 해!
член	회원	TV로 러시아 과학아카데미 회원의 인터뷰를 보았다.
чте́ние	독해	이 텍스트의 독해 시간에는 사전을 사용할 수 있습니다.
что	무엇	따쉬껜뜨에서 무얼 하고 싶습니까?
что́бы	~을 위해서	일본에 가기 위해서 러시아 사람들은 비자가 필요하다.
что́-нибу́дь	무엇이든	사샤가 너에게 내일 견학에 대해 뭐든 이야기했니?

П Р С Т У Ф Х Ц **Ч** Ш Щ Ъ Ы Ь Э Ю Я

Мне нужно постирать одежду, потому что у меня не осталось **чистых** рубашек.

Ты можешь найти Таню в **читальном** зале, она всегда там занимается после уроков.

Эта книга будет интересной для **читателей** разных возрастов.

А.С.Пушкина надо читать обязательно!

По телевизору я посмотрел интервью **члена** Академии наук России.

Во время **чтения** этого текста вы можете пользоваться словарём.

Что вы хотите делать в Ташкенте?

Чтобы поехать в Японию, русским нужна виза.

Тебе Саша **что-нибудь** рассказывал о завтрашней экскурсии?

что́-то	무언가	그는 중요한 무언가를 말하고 싶어 했다.
чу́вство	감정, 느낌	그 사건은 나에게 이상한 느낌을 불러일으켰다.
чу́вствовать* **НСВ** по- **СВ**	느끼다	이때 나는 그녀에게 사랑을 느꼈다.
чу́до	기적, 행운	나는 기적이 일어나길 희망한다.
чужо́й -ая, -ое, -ие	낯선, 남의	외국에서는 매우 예의 바르게 행동해야 한다.
чуть-чуть	조금, 약간	– 당신은 영어를 하시나요? – 하긴 하지만, 조금 합니다.

Он хотел сказать **что-то** важное.

То событие вызывало у меня странное **чувство**.

В этот момент я **чувствовал** любовь к ней.

чу́вствовать (чу́вствую, -ствуешь)

Я надеюсь, что произойдёт **чудо**.

В **чужой** стране нужно вести себя очень воспитано.

– Вы говорите по-английски?
– Говорю, но совсем **чуть-чуть**.

Ш

ша́пка **복생** ша́пок]	모자	방 안에 들어가면 모자를 벗어라.
шарф	스카프, 목도리	추워질 예정이니 너는 좋고 따뜻한 스카프를 사야 한다.
шахмати́ст	체스 선수	가리 까스빠로프는 러시아의 유명한 체스 선수이다.
ша́хматы **복수만** [**생** ша́хмат]	체스	곧 러시아에서 체스 대회가 열릴 것이다.
шашлы́к	샤쉴르익 (러시아식 꼬치구이)	어제 우리는 러시아 레스토랑에 가서 보르시와 샤쉴르익을 주문했다.
шестна́дцать	16	16세 소년은 중요한 결정을 스스로 할 수 있다.
шесто́й -ая, -ое, -ые	여섯 번째의	내 남동생은 지금 6학년이다.
шесть	6	나는 여섯 살 때 체스를 배웠다.
шестьдеся́т	60	나의 어머니는 벌써 60세이지만, 매우 젊어 보이신다.

Снимай **шапку**, когда заходишь в комнату.

На улице становится холоднее, тебе нужно купить хороший тёплый **шарф**.

Гарри Каспаров – известный российский **шахматист**.

Скоро в России проидёт чемпионат по **шахматам**.

Вчера мы были в русском ресторане и заказали борщ и **шашлыки**.

В **шестнадцать** лет подросток уже может принимать серьёзные решения самостоятельно.

Мой младший брат сейчас учится в **шестом** классе.

Я научился играть в шахматы, когда мне было **шесть** лет.

Моей маме уже **шестьдесят** лет, но она очень молодо выглядит.

А Б В Г Д Е Ё Ж З И Й К Л М Н О

шестьсо́т	600	극장의 새 홀에는 600석이 있다.
ше́я	목	나는 예쁘고 긴 목을 가진 여자가 매우 마음에 든다.
широ́кий -ая, -ое, -ие	넓은	우리는 숲에서 나와 넓은 길을 보았다.
шить* НСВ сшить** СВ + что(4)	재봉하다, 바느질하다	어렸을 적에 나의 어머니는 예쁜 드레스를 자주 지어 주셨다.
шкаф	옷장, 책장	우리는 그렇게 큰 옷장은 필요 없다.
шко́ла	초 · 중 · 고등학교	내 남동생은 학교에서 공부를 잘한다.
шко́льник	남학생	학생들은 숙제를 하지 않아 2점을 받았다.
шко́льница	여학생	여학생들은 학교에 화장을 하고 오면 안 된다.
шля́па	(챙이 있는) 모자	이 모자는 당신에게 매우 잘 어울리네요.
шокола́д **단수만**	초콜릿	아이들은 보통 쓴 초콜릿을 좋아하지 않는다.

П Р С Т У Ф Х Ц Ч **Ш** Щ Ъ Ы Ь Э Ю Я

В новом зале театра **шестьсот** зрительских мест.

Мне очень нравится, когда у девушки красивая длинная **шея**.

Мы вышли из леса и увидели **широкую** дорогу.

В детстве мама часто **шила** мне красивые платья.

*шить (шью, шьёшь)
**сшить (сошью́, сошьёшь)

Нам не нужен такой огромный **шкаф**.

Мой младший брат хорошо учится в **школе**.

Школьник не сделал домашнее задание и получил двойку.

Школьницы не должны приходить в школу с макияжем.

Эта **шляпа** вам очень идёт.

Дети обычно не любят горький **шоколад**.

А Б В Г Д Е Ё Ж З И Й К Л М Н О

шоссе́ **불변**	도로, 국도	고속도로로 나갔을 때 우리는 더 빨리 달렸다.
шофёр	운전사	운전사는 엘리베이터까지 가방을 들어다 주었다.
шум	소음, 시끄러운 것	나는 거리의 소음 때문에 오랫동안 잠들지 못했다.
шуме́ть **НСВ** (шумлю́, -ми́шь)	시끄럽게 하다	얘들아, 시끄럽게 하지 마. 엄마 피곤해서 주무시잖아.
шу́мно	시끄럽게; 시끄럽다	이 거리에는 항상 사람이 많고 시끄럽다.
шути́ть **НСВ** (шучу́, -у́тишь) пошути́ть **СВ**	농담하다	사람들이 나를 가지고 농담하는 게 좋았던 적은 없다.
шу́тка [**복생** шу́ток]	농담	사샤는 어리석은 농담으로 아내를 화나게 했다.

П Р С Т У Ф Х Ц Ч **Ш** Щ Ъ Ы Ь Э Ю Я

Мы поехали быстрее, когда выехали на **шоссе**.

Шофёр помог мне донести сумку до лифта.

Я не мог долго уснуть из-за **шума** на улице.

Дети, не **шумите**, мама спит, она устала.

На этой улице всегда многолюдно и **шумно**.

Никогда не любил, когда люди **шутят** надо мной.

Саша обидел свою жену глупой **шуткой**.

Щ, Э

щека́ [복 щёки]	볼, 뺨	네 볼에 무언가 흰 얼룩이 묻었다.
щётка [복생] щёток]	솔	우린 새 구둣솔이 필요해.
щи 복수만	시(러시아 수프의 일종)	보르시와 시는 러시아 전통 수프이다.
экза́мен	시험	국제 영어 시험은 다섯 가지 테스트로 되어 있다.
эконо́мика	경제, 경제학	경제와 정치는 서로 긴밀히 연관되어 있다.
экономи́ст	경제학자	나의 아내 이름은 예까쩨리나이고, 직업은 경제학자이다.
эконо́мить НСВ (эконо́млю, -мишь) + что(4)	아끼다, 절약하다	나는 여름에 여행을 가고 싶어서 절약하기로 결심했다.
экономи́ческий -ая, -ое, -ие	경제의	당신 나라의 경제 상황에 대해 이야기해 주세요.
экску́рсия	견학, 소풍	지난주에 우리는 선생님과 함께 문학 박물관 견학을 다녀왔다.

У тебя на **щеке** какое-то белое пятно.

Нам нужна новая **щётка** для обуви.

Борщ и **щи** – традиционные русские супы.

Международный **экзамен** по английскому языку состоит из пяти тестов.

Экономика и политика тесно связаны друг с другом.

Мою жену зовут Екатерина, она по профессии **экономист**.

Я хочу поехать в путешествие летом, поэтому я решил **экономить**.

Расскажите об **экономической** ситуации в вашей стране.

На прошлой неделе вместе с нашим преподавателем мы ездили на **экскурсию** по литературным музеям.

А Б В Г Д Е Ё Ж З И Й К Л М Н О

экскурсово́д	안내원, 가이드	여행 가이드는 책에서 찾을 수 없는 정보를 이야기해 줬다.
экспеди́ция	탐험, 파견; 탐험대	내가 지질학부 2학년이었을 때 우리는 시베리아로 과학 탐사를 떠났다.
экспериме́нт	실험	우리 학부 화학자들의 실험은 성공적이었다.
э́кспорт **단수만**	수출	러시아 제품의 해외 수출은 점차 증가하고 있다.
электри́чество **단수만**	전기	매달 나는 전기 요금을 아주 많이 낸다.
электро́ника	전자공학, 가전	나는 이 새 시계를 전자상가에서 샀다.
электроста́нция	발전소	우리 동네에 새로운 발전소를 짓고 있다.
энерги́чный -ая, -ое, -ые	활기 있는	내 친구 사샤는 매우 활기 넘치는 젊은이이다.
эне́ргия **단수만**	에너지	요즘은 태양 에너지가 점점 더 많이 사용되고 있다.

Экскурсовод рассказал такую информацию, которую нельзя найти в книгах.

Когда я учился на втором курсе геологического факультета, мы поехали в научную **экспедицию** в Сибирь.

Эксперимент химиков нашего факультета был удачным.

Экспорт российских товаров за границу постепенно увеличивается.

Я каждый месяц очень много плачу за **электричество**.

Я купил эти новые часы в магазине **электроники**.

В моём районе строят новую **электростанцию**.

Мой друг Саша – очень **энергичный** молодой человек.

Сейчас **энергия** солнца используется всё больше и больше.

А Б В Г Д Е Ё Ж З И Й К Л М Н О

энциклопе́дия	백과사전	러시아 도시들에 관한 기본 정보는 백과사전에서 찾을 수 있다.
эпо́ха	시대	이 드레스들은 뿌쉬낀 시대에 유행했었다.
эта́ж	층	몇 층에 사세요?
эта́п	단계	새로운 경기장 건설은 여전히 초기 단계에 있다.
э́то	이것은, 이 사람은	뻬쩨르부르그는 러시아의 북쪽 수도이다.
э́тот э́та, э́то, э́ти	이	이달에 도시 견학이 있을 것이다.

Основную информацию о городах России можно найти в **энциклопедии**.

Такие платья были модными в **эпоху** А.С.Пушкина.

На каком **этаже** вы живёте?

Строительство нового стадиона пока находится на начальном **этапе**.

Петербург – **это** северная столица России.

В **этом** месяце у нас будет экскурсия по городу.

Ю

юбка [복생 юбок]	치마	시험 볼 때는 너무 짧은 치마를 입지 마세요.
юг 단수만	남쪽	꾸르스끄 시는 모스끄바로부터 남쪽으로 약 500킬로미터 떨어진 곳에 있다.
южный -ая, -ое, -ые	남쪽의	나의 창문들은 남쪽으로 나 있다.
юмор 단수만	유머	너는 이상한 유머 감각을 가지고 있어서, 나는 네 농담을 하나도 이해 못 하겠어.
юность 여 단수만	청년기, 젊은 시절	젊은 시절 나는 그림을 좋아했고, 또 꽤 잘 그렸다.
юноша 남	젊은이	젊은이, 길 건너는 것을 좀 도와주게.
юридический -ая, -ое, -ие	법률(상)의	내 친구는 법학부에서 공부하는 것이 매우 어렵다고 한다.
юрист	법(률)학자, 변호사	요즘 변호사는 매우 권위 있는 직업이다.

Не надевайте очень короткую **юбку**, когда идёте на экзамен.

Город Курск находится примерно в 500 километрах к **югу** от Москвы.

Мои окна выходят на **южную** сторону.

У тебя странное чувство **юмора**, я совсем не понимаю твоих шуток.

В **юности** я увлекался живописью и неплохо рисовал.

Юноша, помогите мне перейти через дорогу, пожалуйста.

Мой друг говорит, что учиться на **юридическом** факультете очень трудно.

В настоящее время **юрист** – очень престижная профессия.

Я

я	나	나는 모스끄바 대학교에서 공부한다.
я́блоко	사과	매일 나는 사과 한 개씩 먹는다.
явля́ться НСВ I + кем-чем(5)	~이다; 나타나다	남한과 북한은 유엔 회원국이다.
я́года	열매; 딸기	아침으로 나는 죽과 딸기를 먹는 것을 좋아한다.
я́дерный -ая, -ое, -ые	핵의	러시아는 대량의 핵무기를 보유하고 있다.
язы́к¹	언어	내 모국어는 한국어다.
язы́к²	혀	혀를 보이는 것은 예쁘지 않다.
яйцо́ [복생] яи́ц]	달걀	나는 달걀을 삶기로 했다.
янва́рь 남	1월	1월에 시베리아에는 강한 추위가 자주 온다.
я́ркий -ая, -ое, -ие	밝은, 빛나는	어쩜 이 화가의 그림은 이렇게 빛이 날까!
я́сно	분명하게, 분명하다	그가 옳은 게 확실해.

Я учусь в московском университете.

Каждый день я съедаю одно **яблоко**.

Южная и Северная Кореи **являются** членами ООН.

На завтрак я люблю есть кашу с **ягодой**.

Россия обладает большим количеством **ядерного** оружия.

Мой родной **язык** – корейский.

Показывать **язык** – некрасиво.

Я решил сварить **яйца**.

В **январе** в Сибири часто бывает сильный мороз.

Какие **яркие** картины у этого художника!

Ясно, что он прав.